목차

나만의 자서전 일기 쓰기
- 일기 쓰기 8
- 만화 일기 쓰기 10
- 관찰 일기 쓰기 18
- 미래 일기 쓰기 24

감성이 살아나는 시 쓰기
- 시의 언어 배우기 30
- 시 쓰기 32
- N행시 쓰기 42

기억력이 살아나는 독후감 쓰기
- 기록하는 독후감 48
- 감상하는 독후감 54
- 가정하는 독후감 58

마음을 전하는 편지 쓰기
- 편지 예절 배우기 66
- 짧은 편지 쓰기 68
- 부탁 편지 쓰기 70
- 감사 편지 쓰기 76
- 고백 편지 쓰기 80

생각을 말하는 논설문 쓰기

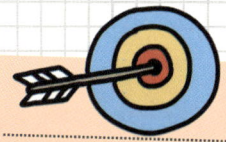

- 논설문 개요 쓰기 86
- 논설문 쓰기 94

추억을 기록하는 기행문 쓰기

- 기행문 쓰기 102
- 기행문 계획 쓰기 112

사실을 전달하는 설명문 쓰기

- 설명문 쓰기 118
- 육하원칙 찾아 쓰기 128
- 기사문 쓰기 130

마음을 사로잡는 광고문 쓰기

- 캐치프레이즈 쓰기 138
- 상업적 광고문 140
- 공익 광고문 146

글쓰기가 어려우신가요? 걱정하지 마세요!
〈글쓰기 천재가 되다 practice〉를 만난 순간
여러분은 글쓰기 천재가 될 테니까요!

어려워 보인다고 긴장할 필요 없어요.
적혀있는 예시문을 읽으면서
함께 글을 써나가면 되니까요!

글쓰기 천재가 되다!

흥미진진한 만화로 글쓰기 방법을 배울 수 있는 책.
일기, 시, 독후감, 편지, 논설문,
기행문, 설명문, 광고문까지!
다양한 글쓰기를 만화로 배워보세요.

대한이의 독후감을 읽던 동준이는 경악을 금치 못하는데!….

아, 안돼!

대한이의 독후감은 책 내용에 대해 이것저것 쓰기는 했지만,

다양한 재료들

이것 저것 요것

여러 내용을 하나로 묶어주는 **무언가**가 없었기 때문이죠.

이게 대체 무슨 요리야…?

그 무언가는 바로 글의 주제!

소재는 주제를 얘기하기 위한 **재료들**이라면, 주제는 당신이 꼭 말하고 싶은 **중심 생각**입니다.

글쓰기 천재가 되다! Practice

다양한 종류의 글쓰기를 직접 연습해볼 수 있는 책.
쓰기 마술사와 함께 글쓰기 실력을 단단하게 다져보세요.

 1 글의 주제, 중심 생각을 도출하기에 앞서, 소재부터 정리해보세요.

 3 그다음, 글의 흐름을 위해 사건의 순서대로 배경을 정리해줍니다.

 2 그리고 '기-승-전-결' 순서대로 사건과 느낀 점을 쓰며 주제를 찾아보세요.

 4 마지막으로 정리한 내용을 바탕으로 나만의 독후감을 써보세요.

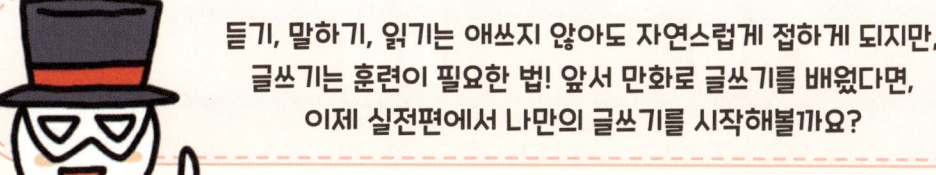

듣기, 말하기, 읽기는 애쓰지 않아도 자연스럽게 접하게 되지만, 글쓰기는 훈련이 필요한 법! 앞서 만화로 글쓰기를 배웠다면, 이제 실전편에서 나만의 글쓰기를 시작해볼까요?

나만의 자서전 일기 쓰기

일기 쓰기

일기 쓰기의 장점이 뭔가요?

 쓰기 마술사

매일 글을 쓰는 것이기 때문에 어휘력이 좋아지고 하루를 기억하며 쓰기 때문에 기억력이 좋아집니다!

기억하면 되는데 왜 굳이 일기를 써야 하죠?

 쓰기 마술사

일기를 쓰며 하루를 반성하는 시간을 가질 수 있습니다.

반성할 일이 없으면요?

 쓰기 마술사

하루를 기록하며 추억으로 남겨놓을 수 있죠!

그럼 일기를 꼭 매일 써야 하나요?

 쓰기 마술사

매일 쓰는 것이 좋지만, 도저히 쓸 일이 없다면 하루쯤 쉬어가는 것도 좋습니다!

열심히 쓰겠습니다!

날짜: 20   년   월   일

❶ 오늘의 날씨와 내 기분은?

❷ 오늘의 일기 쓰기 주제는 뭐야?

> 먹은 거   마신 거   본 거   입은 옷   만난 사람   배운 거   읽은 거   간 곳

❸ 일어난 일의 순서대로 그림을 그리고 일기를 써보자!

> 일어난 일은 과장하지 않아야 해!

제목

> 숙제를 해치우듯 일기를 빨리 써버리면 안 돼!

날짜 : 20   년   월   일

❶ 오늘의 날씨와 내 기분은?

날씨    기분

❷ 오늘의 일기 쓰기 주제는 뭐야?

주제를 정하기 어렵다면 오늘 꾼 꿈에 대해 적는 건 어때?

먹은 거   마신 거   본 거   입은 옷   만난 사람   배운 거   읽은 거   간 곳

❸ 일어난 일의 순서대로 그림을 그리고 일기를 써보자!

제목

# 만화 일기 쓰기

날짜: 20   년   월   일

말풍선 안에 대사를 써서 이야기를 진행하는 거야!

❶ 말풍선은 어떤 종류들이 있는지 만화를 보며 알아보자!

❷ 그림에 어울리는 대사와 말풍선을 그려 넣어 만화를 완성해보자!

날짜 : 20   년   월   일

1 오늘의 날씨와 내 기분은?

날씨      기분

2 만화를 그리기 전에 간단하게 오늘 있었던 일을 정리해보자!

누가	선생님이	언제	점심시간에	어디서	급식실에서
무엇을	식판을	어떻게	놓쳤다	왜	내가 놀라게해서

❸ 오늘 있었던 일로 어떤 생각을 하게 됐어?

물건을 들고 있는 사람을 놀라게 해서는 안 된다는 것을 배웠다. 장난을 치더라도 상대방이 어떤 상황인지

눈치를 보고 쳐야 한다는 것을 깨달았다. 특히 선생님에게는 장난을 치면 안 되겠다고 생각했다.

왜냐하면 장난을 잘못 쳤다가 크게 혼나면 밥을 못 먹을 수도 있고, 반성문도 쓰게 되기 때문이다.

일기는 오늘 하루를 되돌아보고 반성할 수 있는 최고의 글쓰기야.

날짜 : 20   년   월   일

1 오늘의 날씨와 내 기분은?

2 만화를 그리기 전에 간단하게 오늘 있었던 일을 정리해보자!

| 누가 _____ | 언제 _____ | 어디서 _____ |
| 무엇을 _____ | 어떻게 _____ | 왜 _____ |

그림을 잘 그리려고 하지 않아도 괜찮아!

그림을 그리기 어렵다면 신문이나
잡지에서 그림을 오려 붙여도 좋아!

❸ 오늘 있었던 일로 어떤 생각을 하게 됐어?

오늘 이런 일이 있었구나!

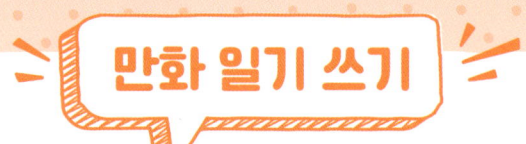# 만화 일기 쓰기

날짜 : 20   년   월   일

① 오늘의 날씨와 내 기분은?

날씨   기분

② 만화를 그리기 전에 간단하게 오늘 있었던 일을 정리해보자!

| 누가 _____ | 언제 _____ | 어디서 _____ |
| 무엇을 _____ | 어떻게 _____ | 왜 _____ |

오늘 일어난 일 중 한 가지 사건을 주제로 일기를 써야 해!

있었던 일을 나열하지 말고
생각과 느낌을 같이 쓰는 것이 좋아.

❸ 오늘 있었던 일로 어떤 생각을 하게 됐어?

날짜: 20   년   월   일

1 오늘 하루 동안 어떤 것을 관찰할까?

우리 동네   학교 담임 선생님   친구   집 앞의 나무   주변 마트   내 얼굴   집 안의 풍경

2 관찰한 사물을 모르는 사람한테 알려준다면?

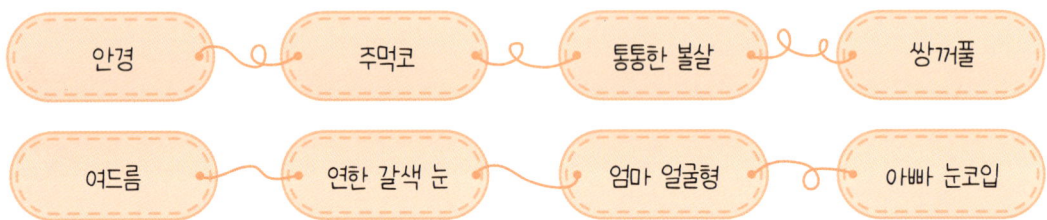

안경 — 주먹코 — 통통한 볼살 — 쌍꺼풀
여드름 — 연한 갈색 눈 — 엄마 얼굴형 — 아빠 눈코입

3 관찰하면서 어떤 생각을 했어?

나한테 아빠 얼굴만 있는 줄 알았더니 엄마 얼굴도 있었다. 그래서 내 얼굴이 조화가 잘 맞나보다.

4 위의 적은 것들을 바탕으로 관찰하며 있었던 일을 적어보자!

제목 우리 엄마는 예뻐서 나는 엄마를 닮고 싶다. 근데 사람들은 다 내가 아빠를 닮았다고 한다. 그래서 엄마랑 닮은 점을 찾으려고 거울 앞에 가까이 가서 얼굴 관찰을 했다. 쌍꺼풀이 있는 눈부터 주먹코, 갈색 눈동자도 다 아빠를 닮아있었다. 살짝 실망하고 관찰을 그만두려고 거울이랑 멀어지는 그때 얼굴을 보니 내 얼굴형이 엄마랑 닮은 것을 발견했다. 기분이 좋았다. 처음부터 얼굴형을 관찰할 걸 그랬다. 역시 관찰은 큰 것에서부터 작은 것으로 해야 한다!

주변을 관찰해보면 일기의 주제를 쉽게 얻을 수 있어!

5 관찰 일기를 쓰기 전에 연습해보자!

펑펑 함박눈이 내리는 길거리에 빨간 두건을 쓴 노란 머리의 소녀가 눈물을 흘리며 앉아 있다. 주변에 타버린 성냥이 있는 것으로 보아, 추위에 떨며 성냥 불의 온기에 몸을 녹이고 있는 것 같다.

6 둘 중 더 올바르게 관찰한 사람은?

할머니는 웃고 있고, 초를 든 노란 머리 여자애는 울고 있네. 불쌍해라! 그리고 눈이 쌓여있네! 춥겠다.

운찬이

아이 뒤에 벽을 보니 밖이야! 빨간 두건을 쓴 여자아이가 성냥을 들고 있으니까 성냥팔이 소녀일 거야! 인자한 할머니 상상을 하며 우는 거구나.

대한이

느낀 점을 말하는 운찬이도 잘했지만, 대한이처럼 자세하게 관찰하는 것이 좋아! 모르는 사람이 들어도 내가 관찰한 것이 무엇인지 알 수 있을 만큼!

7 그림을 자세하게 관찰하고 글을 적어보자!

날짜 : 20   년   월   일

1 오늘 하루 동안 어떤 것을 관찰할까?

우리 동네   학교 담임 선생님   친구   집 앞의 나무   주변 마트   내 얼굴   집 안의 풍경

2 관찰한 사물을 모르는 사람한테 알려준다면?

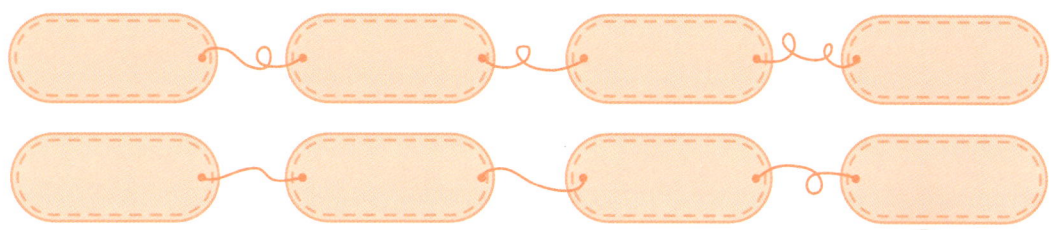

3 관찰하면서 어떤 생각을 했어?

4 위의 적은 것들을 바탕으로 관찰하며 있었던 일을 적어보자!

제목

관찰 일기 쓰기

날짜 : 20   년   월   일

1 오늘 하루 동안 어떤 것을 관찰할까?

내 주변의 모든 것이 다 관찰 일기의 주제야!

우리 동네   학교 담임 선생님   친구   집 앞의 나무   주변 마트   내 얼굴   집 안의 풍경

2 관찰한 사물을 모르는 사람한테 알려준다면?

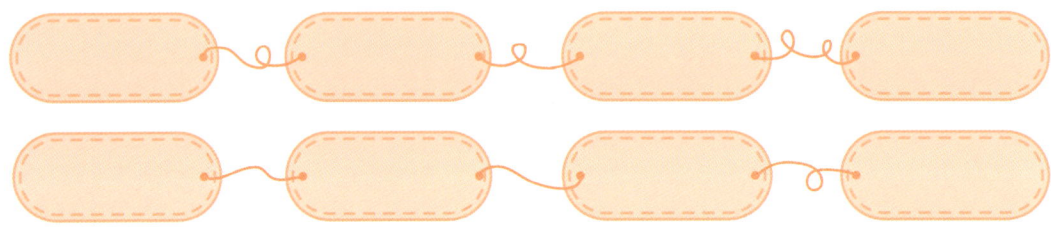

3 관찰하면서 어떤 생각을 했어?

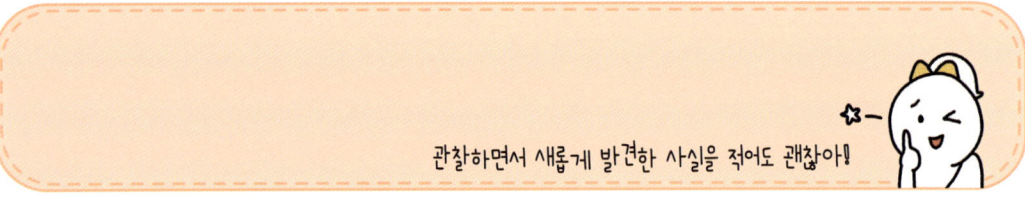

관찰하면서 새롭게 발견한 사실을 적어도 괜찮아!

4 위의 적은 것들을 바탕으로 관찰하며 있었던 일을 적어보자!

제목

날짜 : 20   년   월   일

❶ 오늘 하루 동안 어떤 것을 관찰할까?

나에 대해 관찰 일기를 쓴다면 외모뿐만 아니라 내면도 함께 관찰해보자!!

우리 동네   학교 담임 선생님   친구   집 앞의 나무   주변 마트   내 얼굴   집 안의 풍경

❷ 관찰한 사물을 모르는 사람한테 알려준다면?

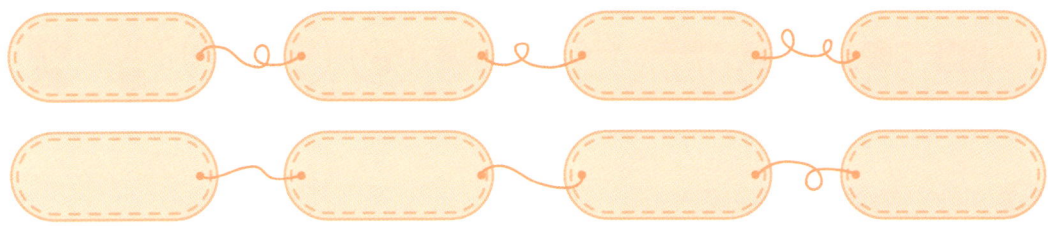

❸ 관찰하면서 어떤 생각을 했어?

❹ 위의 적은 것들을 바탕으로 관찰하며 있었던 일을 적어보자!

제목

날짜: 20   년   월   일

미래의 내가 어떤 사람이 되어 있을지를 생각하며 적어보자!

1 어떤 미래에 대해 쓸까?

내 생일   내가 다니는 회사   일상   내가 좋아하는 사람   여행   취미생활   부모님

2 미래의 날씨와 내 기분은?

3 미래의 나를 상상하며 일기를 써보자!

제목

----

4 미래의 나에게 남기는 한마디!

날짜 : 20   년   월   일

1 어떤 미래에 대해 쓸까?  미래에 일어날 평범한 일들에 대해 적어도 좋아!

내 생일   내가 다니는 회사   일상   내가 좋아하는 사람   여행   취미생활   부모님

2 미래의 날씨와 내 기분은?

날씨   기분

3 미래의 나를 상상하며 일기를 써보자!

제목

------

4 미래의 나에게 남기는 한마디!

이 책을 가지고 있다가 미래에 이 한마디를 다시 읽어보는 건 어때?

미래 일기 쓰기

날짜: 20   년   월   일

20년 뒤 오늘에 대해 적어도 좋아!!

❶ 20년 뒤, 내가 어떤 하루를 보내고 있을지 그려보자!

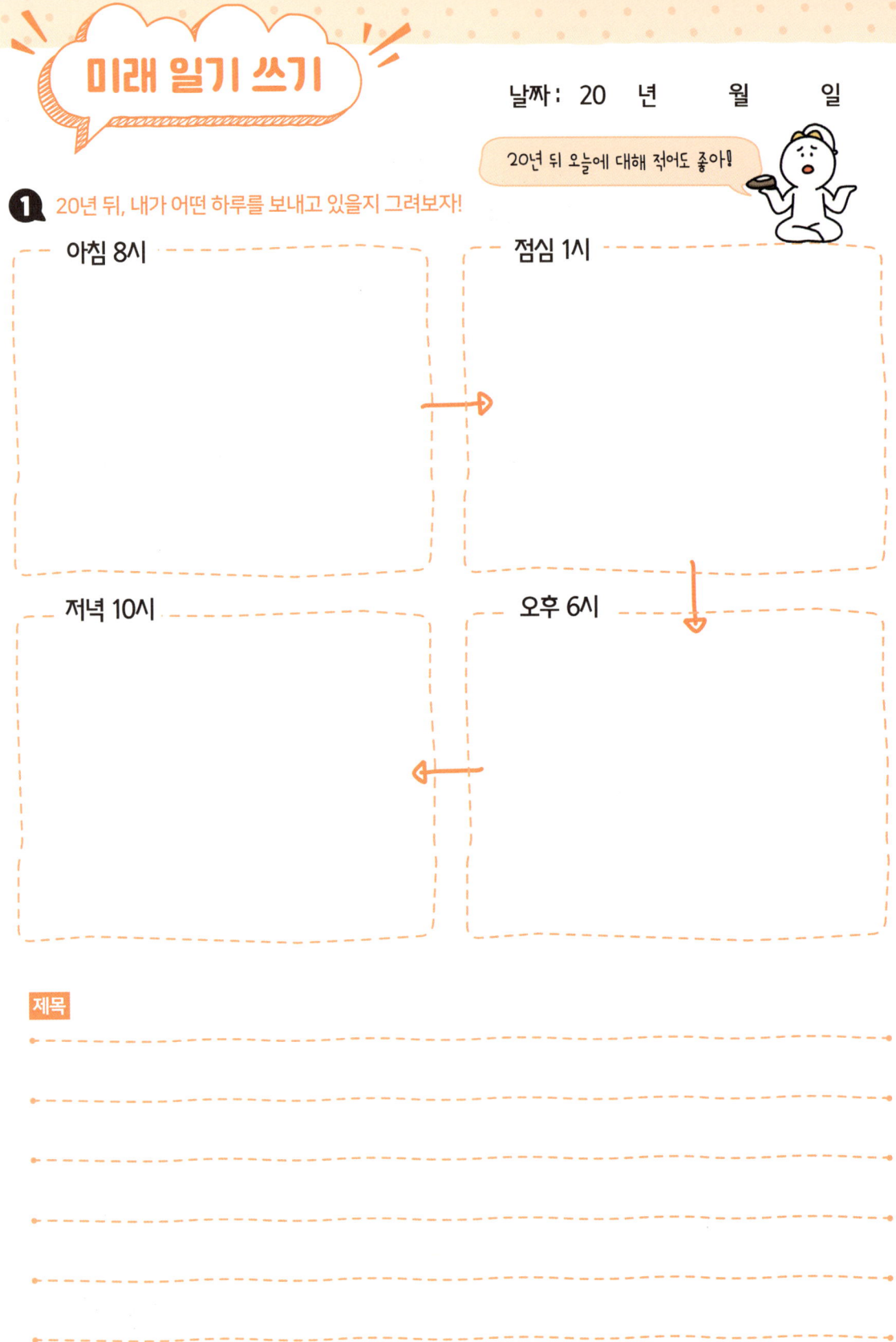

| 아침 8시 | 점심 1시 |
| 저녁 10시 | 오후 6시 |

제목

날짜: 20   년   월   일

1 20년 뒤, 내가 어떤 하루를 보내고 있을지 그려보자!

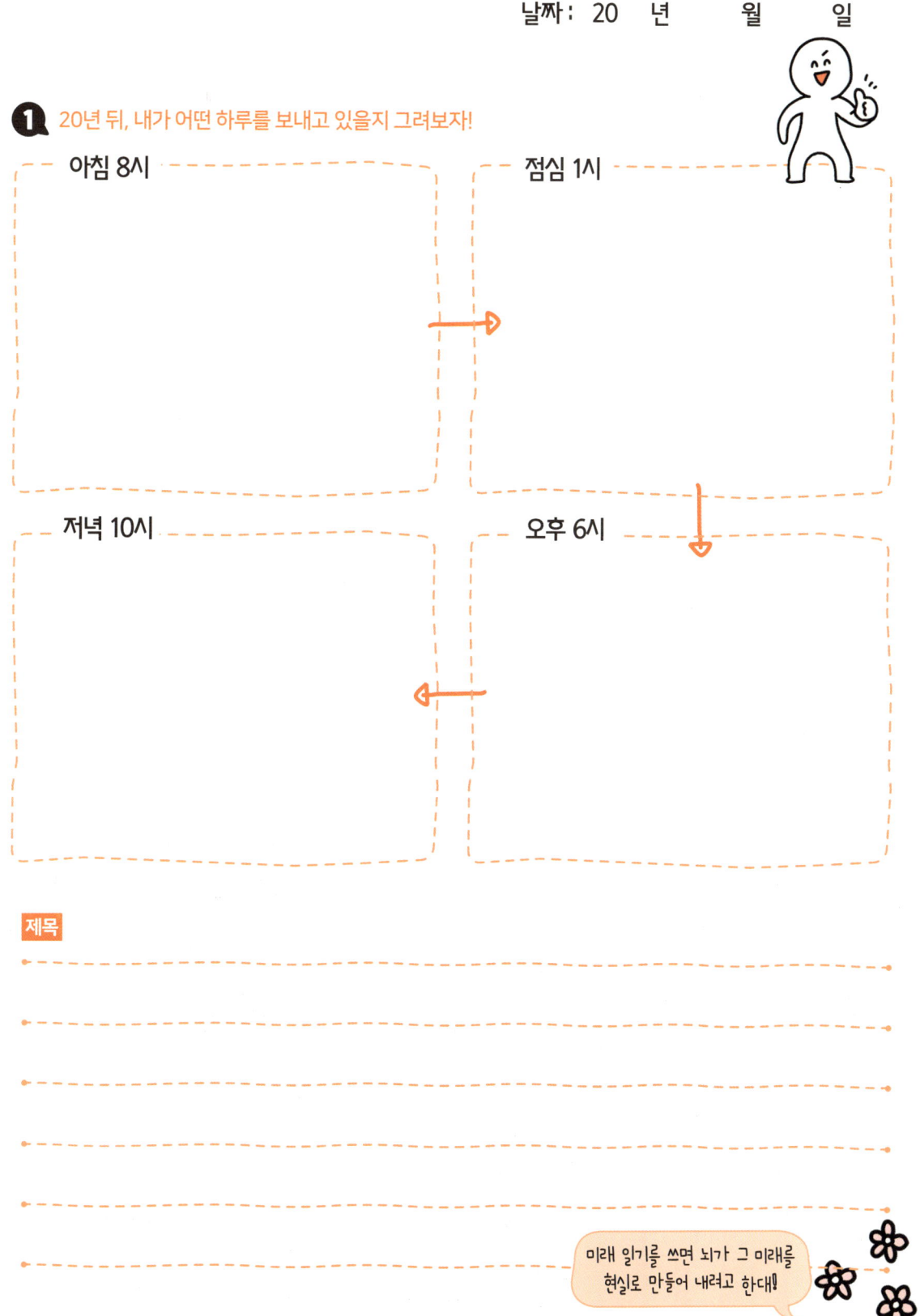

| 아침 8시 | 점심 1시 |
| 저녁 10시 | 오후 6시 |

제목

미래 일기를 쓰면 뇌가 그 미래를 현실로 만들어 내려고 한대!

감성이 살아나는 시 쓰기

시 쓰기

시랑 노래의 차이점이 뭔가요?

 쓰기 마술사

시는 리듬감이 느껴지는 글이지만
노래는 실제로 리듬과 음이 포함되어 있습니다!

시는 왜 이렇게 이해하기 어려운 거죠?

쓰기 마술사

시는 비유하는 표현이 많아 읽기 어려울 수 있습니다!
하지만 그것이 시의 재미이죠.

시를 잘 쓰려면 어떻게 해야 하죠?

쓰기 마술사

자신의 느낌을 솔직하게 시에 담으면 됩니다!

시를 잘 감상하려면 어떻게 해야 하죠?

 쓰기 마술사

작가의 경험이나 자신의 경험과 관련지어
감상하면 시를 더 깊게 이해할 수 있습니다.

당장 시를 쓰고 싶어요!

1 그림과 비슷하거나 떠오르는 것들을 그림이나 글로 표현해보자!

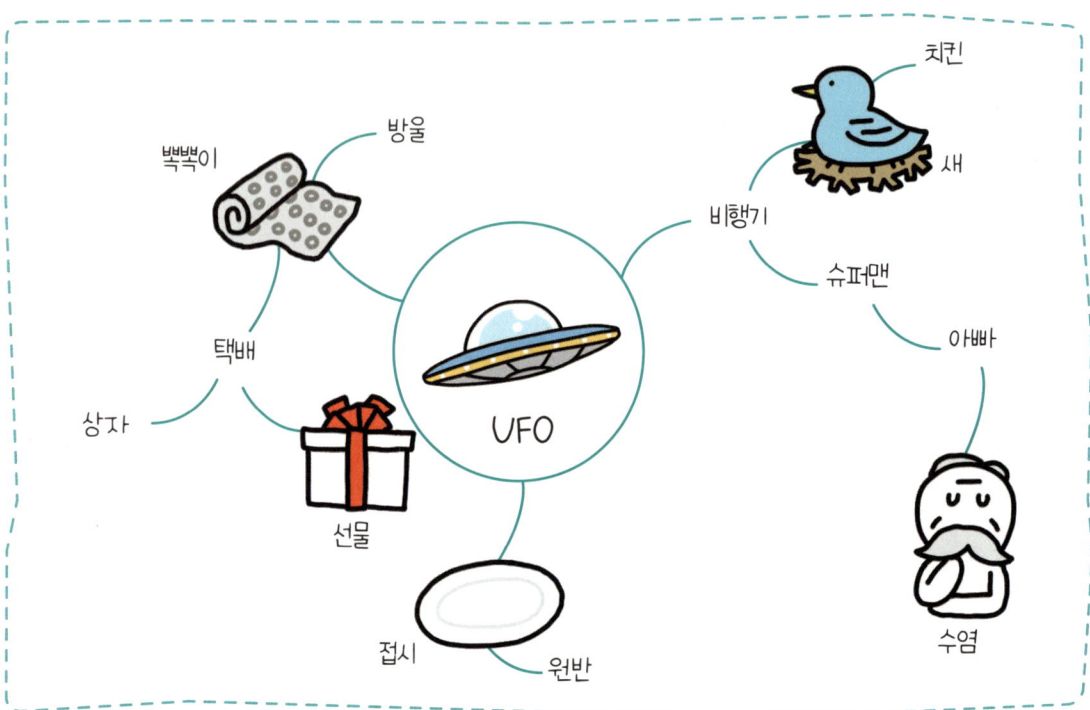

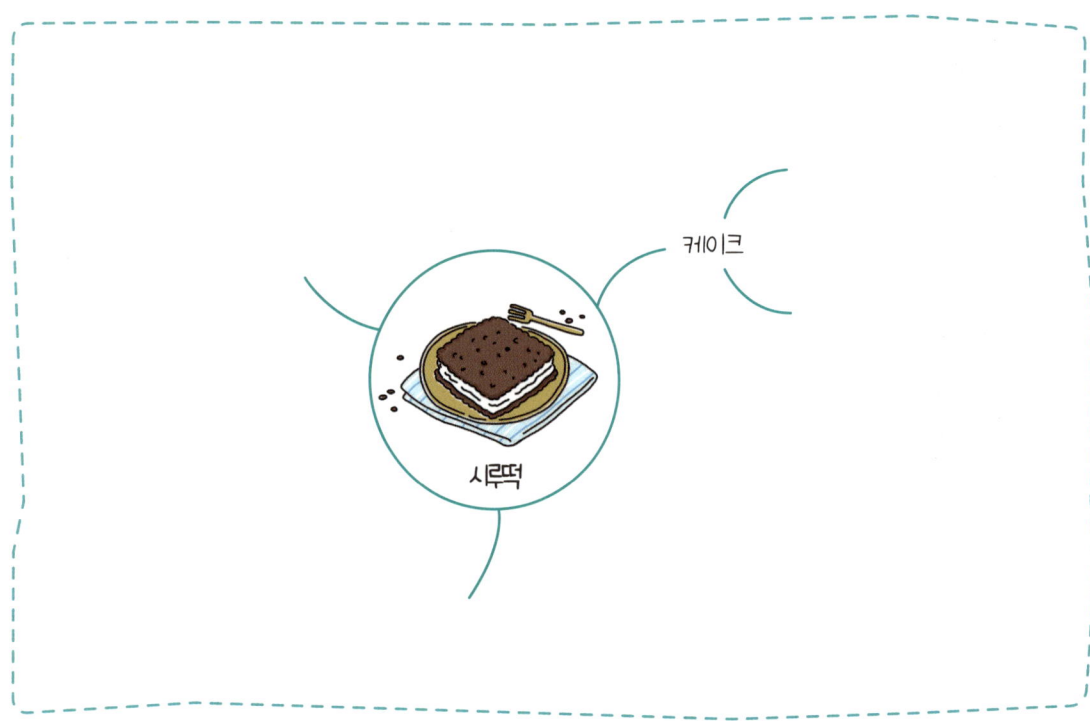

❷ 그림을 보고 떠오르는 소리와 모습을 써보자!

```
소리
    보글보글            덜컹덜컹
            치이익              부글부글
```

```
모습
    왈칵왈칵            넘실넘실
            모락모락              뭉게뭉게
```

```
소리
```

```
모습
```

```
소리
```

```
모습
```

멍멍, 꼬르륵, 중얼중얼 같이 인간이나 동물, 사물의 소리를 흉내 낸 말은 의성어!
덩실덩실, 따끈따끈 같이 인간이나 동물, 사물의 움직임과 행동을 흉내 낸 말은 의태어야!

시 쓰기: 풍선

1 외계인에게 풍선에 관해 설명한다면?

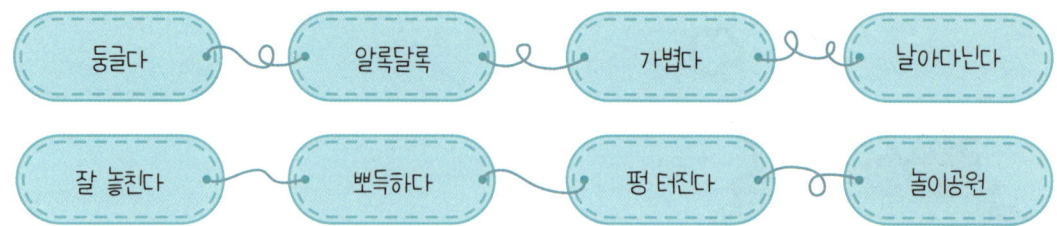

2 풍선을 생각하면 어떤 일이 떠올라?

학교 문구점에서 풍선을 사서 집에 가는데 풍선을 놓쳐버렸다.

잡으려고 달려가며 점프를 했다. 안 잡혀서 옆에 있는 큰 돌 위에 올라갔다.

그래도 놓쳐서 속상했지만, 풍선은 기분이 좋아 보였다.

3 이 일과 비슷한 사건이 있었거나, 공통점이 있는 사물이 떠올랐다면 써봐!

시골 할머니 집에 묶여있는 달구는 낡은 목줄이 풀려서 신이 났다.

구름, 가벼워서 비슷하다. 새, 내가 잡을 새도 없이 날아가서.

4 위에 적은 것들을 활용해 비유를 해보자!

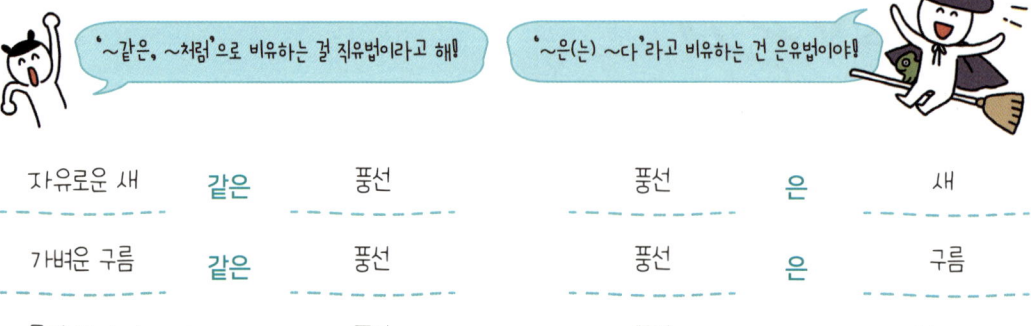

자유로운 새	같은	풍선		풍선	은	새
가벼운 구름	같은	풍선		풍선	은	구름
묶인 강아지	같은	풍선		풍선	은	강아지

5 떠오르는 주문들을 적어보자.

주문들은 대체로 소리나 움직임을 나타내!

훨훨　　　둥실둥실　　　휙휙　　　둥둥
　　덩실덩실　　　붕붕　　　꽉

6 여태까지 쓴 글을 바탕으로 시를 써보자!

제목　　　　〈 둥둥 풍선 〉

1연
1행　　문구점에서 산 풍선
2행　　날아가지 말라고 꽉 붙잡아서 속상했나
3행　　놓친 순간 훨훨 날아갔네

2연
1행　　잡으려고 손을 휙휙
2행　　돌 위에서 팔을 붕붕
3행　　새처럼 날아 잡히지 않네

3연
1행　　문구점에서 산 풍선
2행　　할머니네 목줄 풀린 강아지처럼
3행　　신이 나서 훨훨 날아갔네

시 쓰기 팁!
1연과 2연을 다 썼는데 3연을 더 쓰기 어렵다고? 그렇다면 수미상관 구조를 사용해봐!
수미상관이란 첫 번째 연이나 행을 마지막 연이나 행에 반복하는 걸 말해.

시 쓰기: 솜사탕

1 외계인에게 솜사탕에 관해 설명한다면?

2 솜사탕을 생각하면 어떤 일이 떠올라?

> 솜사탕을 먹었던 장소를 떠올려보는 건 어때?

3 이 일과 비슷한 사건이 있었거나, 공통점이 있는 사물이 떠올랐다면 써봐!

4 위에 적은 것들을 활용해 비유를 해보자!

> 직유법을 사용해서 비유하자!

> 은유법을 사용해서 비유하자!

_____ 같은 _____   _____ 은 _____

_____ 같은 _____   _____ 은 _____

_____ 같은 _____   _____ 은 _____

5 떠오르는 주문들을 적어보자.

주문이 떠오르지 않는다면 솜사탕에 관한 노래를 떠올려봐! 노랫말 속에 좋은 주문들이 들어있을 거야!

6 여태까지 쓴 글을 바탕으로 시를 써보자!

제목

1연
1행
2행
3행

2연
1행
2행
3행

3연
1행
2행
3행

시 쓰기 팁!
'훨훨, 둥실둥실'처럼 문장에 어울리는 주문을 넣으면 시의 운율감이 살아나고 재미있어질 거야! 시를 감상하는 사람들도 시가 생동감이 있다고 느낄 테니까 꼭 넣어봐~

❶ 외계인에게 곰 인형에 관해 설명한다면?

외계인은 곰 인형에 대해 모르니까 자세하게 설명해 줘야겠지?

❷ 곰 인형을 생각하면 어떤 일이 떠올라?

❸ 이 일과 비슷한 사건이 있었거나, 공통점이 있는 사물이 떠올랐다면 써봐!

❹ 위에 적은 것들을 활용해 비유를 해보자!

직유법을 사용해서 비유하자!   은유법을 사용해서 비유하자!

_____ 같은 _____   _____ 은 _____

_____ 같은 _____   _____ 은 _____

_____ 같은 _____   _____ 은 _____

5 떠오르는 주문들을 적어보자.

곰 인형의 촉감을 상상해봐~

6 여태까지 쓴 글을 바탕으로 시를 써보자!

제목

1연
1행
2행
3행

2연
1행
2행
3행

3연
1행
2행
3행

시 쓰기 팁!

시를 쓸 때 글자 수를 번갈아 가며 쓰면 시의 리듬감이 살아날 거야!
7자 다음에 5자, 7자 다음에 5자, 이렇게 말이야!

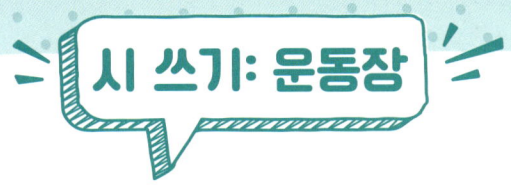

❶ 외계인에게 운동장에 관해 설명한다면?

❷ 운동장을 생각하면 어떤 일이 떠올라?

❸ 이 일과 비슷한 사건이 있었거나, 공통점이 있는 사물이 떠올랐다면 써봐!

❹ 글자 수에 맞춰 위의 내용을 정리해볼까?

5 떠오르는 주문들을 적어보자.

운동장에서 달리는 친구들, 운동장의 거친 모래 등을 생각해봐!

6 여태까지 쓴 글을 바탕으로 7자, 5자를 반복하며 시를 써보자!

제목 _____

1연
1행 _____
2행 _____
3행 _____

2연
1행 _____
2행 _____
3행 _____

3연
1행 _____
2행 _____
3행 _____

시 쓰기 팁!
같은 글자 수를 반복해서 시를 쓰면 시의 리듬감을 더해줄 수 있어! 그리고 '쿵쾅쿵쾅, 우왕좌왕'의 'ㅜ, ㅘ'처럼 같은 모음이 반복되어도 시가 재미있어져!

시 쓰기: 낙엽

한번 설명해 보면서 시의 주제에 대해 더 깊게 생각 할 수 있게 되는 거지.

❶ 외계인에게 낙엽에 관해 설명한다면?

❷ 낙엽을 생각하면 어떤 일이 떠올라?

❸ 이 일과 비슷한 사건이 있었거나, 공통점이 있는 사물이 떠올랐다면 써봐!

❹ 글자 수에 맞춰 위의 내용을 정리해볼까?

글자 수를 맞추다 보면 시를 더 간결하게 표현 할 수 있게 될 거야!

5 떠오르는 주문들을 적어보자.

시를 쓰다 보면 표현력이 풍부해질 거야!

6 여태까지 쓴 글을 바탕으로 7자, 5자를 반복하며 시를 써보자!

제목

1연
1행
2행
3행

2연
1행
2행
3행

3연
1행
2행
3행

시 쓰기 팁!
시가 줄글처럼 느껴진다고? 그렇다면 도치법을 사용해봐! 도치법은 '나는 배고프다.'라는 문장을 '배고픈 나'로 바꾸는 것처럼 문장의 서술 순서를 바꿔서 강조시키는 방법이야!

1 끝말잇기를 해보자!

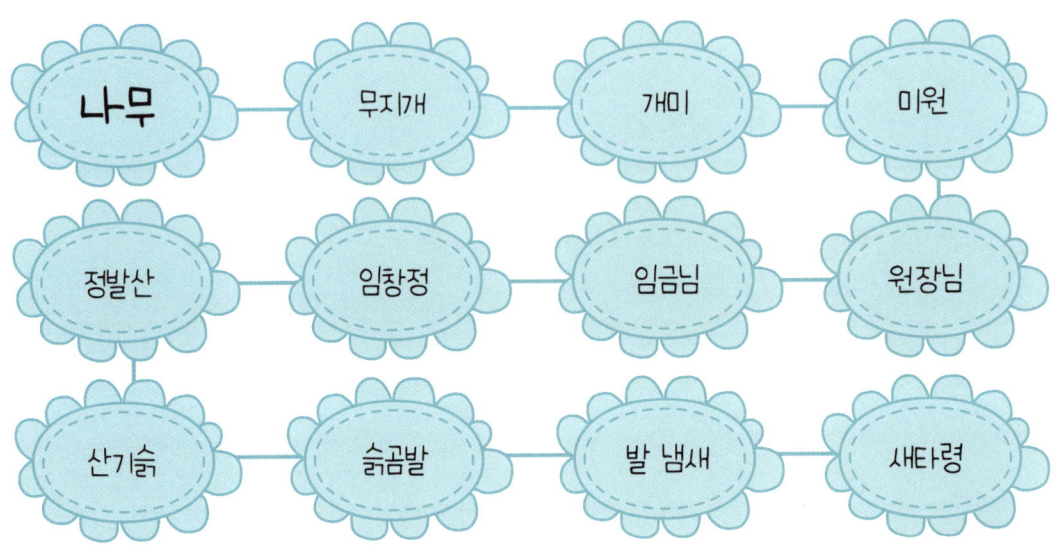

2 앞글자를 이어서 시를 써보자!

치: 치즈를 먹다가 방심한 나머지
즈: 즈욱 늘어나서 옷 위에 튀겨 옷이 엉망이 되었다.

선: 선생님 저는 고기가 너무 먹고 싶어요!
생: 생선도 고기란다.
님: 임시방편으로 생선이라도 먹으렴.

스: 스트레스받은 물고기들은
마: 마트에 가면 많다.
트: 트여있는 바다에 있고 싶을 텐데
폰: 폰으로라도 바다를 구경시켜주자.

❶ 끝말잇기를 해보자!

옥수수

❷ 앞글자를 이어서 시를 써보자!

친:
구:

부:
모:
님:

중:
간:
고:
사:

N 행시 쓰기

❶ 끝말잇기를 해보자!

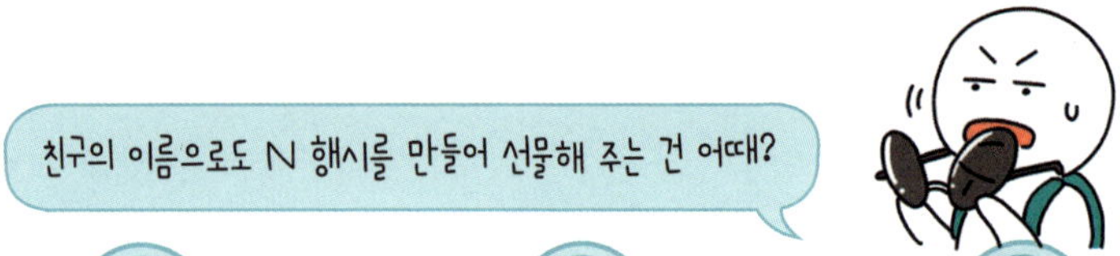

친구의 이름으로도 N 행시를 만들어 선물해 주는 건 어때?

지우개

앞글자 '이'는 '리'로 바꿔서 써도 괜찮아!

❷ 앞글자를 이어서 시를 써보자!

김:
밥:

마:
술:
사:

초:
등:
학:
교:

❶ 끝말잇기를 해보자!

튀김

❷ 앞글자를 이어서 시를 써보자!

사:
랑:

태:
권:
도:

겨:
드:
랑:
이:

기억력이 살아나는 독후감 쓰기

독후감 쓰기

독후감은 왜 써야 하나요?

쓰기 마술사

독후감을 쓰다 보면 생각을 정리하기 쉬워지고, 정리한 생각을 글로 쓰는 습관도 길러집니다!

독후감은 어려운 책만 읽고 써야 하나요?

쓰기 마술사

꼭 어려운 책이 아니더라도 괜찮습니다! 감명 깊게 읽었다면 동화든 시든 상관없어요.

독후감은 책의 줄거리를 쓰는 건가요?

쓰기 마술사

줄거리는 간단하게! 자기 생각을 쓰면서 느낀 점에 대해 자세하게 써주세요!

독후감을 잘 쓰는 방법은 뭔가요?

쓰기 마술사

느낀 점과 배운 점 위주로 쓰면 됩니다!

우선 책부터 읽어야겠네요!

기록하는 독후감

책의 제목: 백설공주

❶ 이 책을 모르는 사람에게 등장인물을 3명만 뽑아서 설명해준다면?

인물	성격	배울 점	하는 일
백설공주	순수하다.	시련에도 굴하지 않는다.	계모 왕비를 피해 도망친다.
왕비	독하다.	이루고자 하는 것을 꼭 이룬다.	백설공주를 죽이려고 한다.
사냥꾼	미모에 약하다.	정이 많다.	왕비에게 공주를 죽이라는 명을 받는다.

❷ 사건이 일어난 순서대로 그림을 그려보고 각각 느낀 점을 써보자!

기. 어떤 일이 있었어?

세상에서 가장 아름답지 않다는 게 그렇게 화날 일일까?

승. 그래서 어떻게 됐어?

역시 사람들은 아름다운걸 좋아하는구나.

전. 또 어떤 일이 생겼어?

아름다움 때문에 사람까지 죽이다니!

결. 이야기는 어떻게 끝났어?

아름답지 않았다면 죽지도 않았겠지만 살지도 못했겠다!

❸ 사건의 순서대로 배경도 나누어서 적어보자!

왕비의 방 — 깊은 숲속 — 난쟁이의 오두막 — 오두막 앞마당

❹ 정리한 내용을 바탕으로 독후감을 써보자!

제목 아름다움이 뭐길래!

영화로 본 백설공주가 너무 재밌어서 집에 오자마자 책을 읽었다. 왕비는 백설공주가 자신보다 예쁘다는 말을 거울에게 듣자마자 백설공주를 죽일 생각을 한다. 세상에서 가장 아름답지 않다는 사실이 그렇게 화날 일일까? 왜 왕비가 아름다움에 집착하게 됐는지 궁금했다. 궁금증을 가지고 책을 읽고 있는데 사냥꾼이 아름다운 백설공주를 보고 불쌍한 마음이 들어서 살려주는 장면을 보았다. 이 장면을 보고 왕비가 왜 그렇게 아름다움을 얻고 싶어 했는지 조금 이해가 갔다. 하지만 아름다움 때문에 사람을 죽이기까지 하는 모습은 과하다고 생각했다. 결국 백설공주는 왕비가 준 사과를 먹고 죽게 되는데 공주의 장례식장을 지나가던 왕자가 백설공주에게 한눈에 반해 키스해서 공주는 살아나게 된다. 신기하게도 백설 공주는 아름답기 때문에 죽었고 아름답기 때문에 산 것이다! 나는 작가가 아름다움에 대해 고민하게 하려고 책을 쓴 것이라고 생각했다. 그래서 아름다움에 대해 생각해 보았다. 백설공주는 사는 동안 아름다움으로 얼마나 많은 호의를 받으며 살았을까? 공주는 아직 아름답지 않아 본 적이 없어 자신이 어떤 호의를 받고 사는지 몰랐을 것이다. 하지만 왕비는 이제 나이가 들어 점점 자신의 아름다움을 잃으면서 어떤 이득을 보며 살았는지 깨달았을 것이다. 그렇기 때문에 아름다움에 집착하게 되었을 것이다. 나는 아름다움에 집착하지 말고 내면의 지식을 쌓아야겠다!

책의 제목:

중요한 사건에 나오는 인물들을 뽑아야 해!

1 이 책을 모르는 사람에게 등장인물을 3명만 뽑아서 설명해준다면?

2 사건이 일어난 순서대로 그림을 그려보고 각각 느낀 점을 써보자!

기. 어떤 일이 있었어?

승. 그래서 어떻게 됐어?

결. 이야기는 어떻게 끝났어?

전. 또 어떤 일이 생겼어?

❸ 사건의 순서대로 배경도 나누어서 적어보자!

배경은 사건이 일어난 장소와 때야!

❹ 정리한 내용을 바탕으로 독후감을 써보자!

제목

책의 제목:

1 이 책을 모르는 사람에게 등장인물을 3명만 뽑아서 설명해준다면?

2 사건이 일어난 순서대로 그림을 그려보고 각각 느낀 점을 써보자!

느낀 점을 적기 어렵다면 그 사건이 나에게 일어났다고 생각해 보는 건 어때?

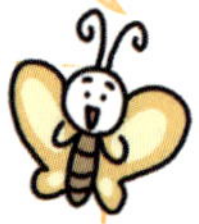

기. 어떤 일이 있었어?

승. 그래서 어떻게 됐어?

결. 이야기는 어떻게 끝났어?

전. 또 어떤 일이 생겼어?

❸ 사건의 순서대로 배경도 나누어서 적어보자!

> 독후감을 쓰면 내가 읽은 책을 더 오래 기억 할 수 있게 될 거야!!

❹ 정리한 내용을 바탕으로 독후감을 써보자!

제목

감상하는 독후감

독후감을 잘 쓰려면 내용을 요약할 줄 알아야 해!

❶ 사건이 일어난 순서대로 그림으로 그려보자!

기. 어떤 일이 있었어?

승. 그래서 어떻게 됐어?

결. 이야기는 어떻게 끝났어?

전. 또 어떤 일이 생겼어?

❷ 작가는 왜 이 책을 쓴 걸까?

❸ 내가 작가라면 어느 부분을 어떻게 바꿀까?

착한 인물뿐만 아니라 나쁜 인물에게도 배울 점이 있어!

4 등장인물들에게 배울 점을 써보고 거꾸로 내가 알려주고 싶은 점도 써보자!

배울 점	알려줄 점

5 정리한 내용을 바탕으로 독후감을 써보자!

제목

독후감 쓰기 팁!
책을 고른 이유, 책의 첫인상을 도입부에 쓰면 줄거리부터 나오는 독후감과 차별되어 보이고, 내 생각을 이어서 쓰기가 더 편해질 거야!

감상하는 독후감

책을 읽을 때 중요한 사건에 밑줄을 치거나 메모하며 읽으면 독후감을 쓰기 편해!

❶ 사건이 일어난 순서대로 그림으로 그려보자!

기. 어떤 일이 있었어?

승. 그래서 어떻게 됐어?

전. 또 어떤 일이 생겼어?

결. 이야기는 어떻게 끝났어?

❷ 작가는 왜 이 책을 쓴 걸까?

❸ 내가 작가라면 어느 부분을 어떻게 바꿀까?

알려줄 점을 적기 전에 내가 등장인물이라면 어떻게 했을지도 생각해보자!

4 등장인물들에게 배울 점을 써보고 거꾸로 내가 알려주고 싶은 점도 써보자!

- 배울 점
- 알려줄 점

5 정리한 내용을 바탕으로 독후감을 써보자!

제목

책의 제목: 백설공주

❶ 이 책을 모르는 사람에게 등장인물을 4명만 뽑아서 설명해준다면?

인물	성격	배울 점	하는 일
백설공주	순수하다.	시련에도 굴하지 않는다.	계모 왕비를 피해 도망친다.
왕비	독하다.	이루고자 하는 것을 꼭 이룬다.	백설공주를 죽이려고 한다.
사냥꾼	미모에 약하다.	정이 많다.	왕비에게 공주를 죽이라는 명을 받는다.
난쟁이	착하다.	정이 많다.	집에 마음대로 들어온 백설공주를 받아준다.

❷ 등장인물들의 성격을 서로 바꾼다면?

백설공주 와 왕비 를 바꿀 것이다. 왜냐하면 왕비가 순수했다면 백설공주의 아름다움을 질투하지 않고 잘 지냈을 것 이기 때문이다.

백설공주 와 왕비 를 바꿀 것이다. 왜냐하면 백설공주가 독했다면 왕비를 밀어내고 자신이 여왕이 되었을 것 이기 때문이다.

❸ 내가 주인공이었다면 어떻게 했을까?

내가 백설공주였다면 일부러 살을 찌워서 나를 못생기게 만든 다음 성에서 편안하게 살다가 왕비가 죽으면 내가 왕이 되어서 다시 살을 빼고 예뻐질 것이다. 그래서 잘생긴 왕자님을 남편으로 맞아 행복하게 살 것이다. 아니면 몰래 도망쳐 센 이웃 나라의 왕과 결혼해서 계모가 나를 못살게 굴지 못하도록 만들었을 것 이다. 그리고 나를 도와준 난쟁이들에게 보석을 많이 사줘서 탄광에서 일하지 않아도 잘 살 수 있도록 만들 어 줬을 것이다.

> 주변 사람 중 떠오르는 사람이 없다면 영화나 드라마 인물 중 찾아봐도 좋아!

4 내 주변에 책의 등장인물과 비슷한 사람들이 있으면 써봐!

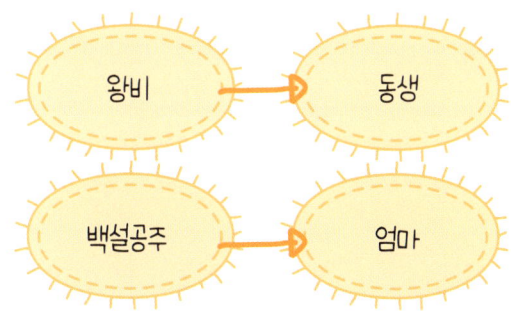
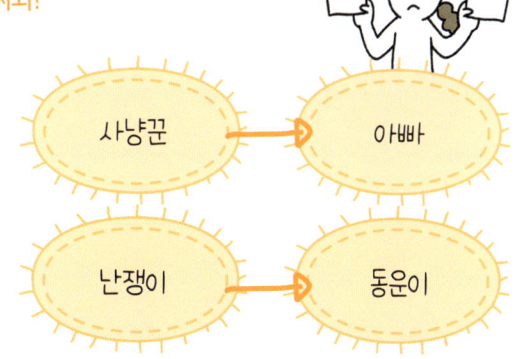

5 정리한 내용을 바탕으로 독후감을 써보자!

제목 백설공주 바보!

책을 읽는 내내 너무 답답했다. 내가 만약 공주였다면 왕비에게 그렇게 당하기만 하지 않았을 것이다. 나는 내 아름다운 외모를 이용하여 옆 나라의 힘센 왕과 결혼해서 왕비를 내몰았을 것이다. 그것도 안 된다면 나는 내가 살을 찌워서 왕비의 질투를 받지 않고 맛있는 것을 잔뜩 먹으며 행복하게 성에서 살았을 것이다. 백설공수는 바보같이 피하기만 하고 정면으로 맞설 생각을 안 한 것이 잘못이다. 왕비의 계략에 당해 죽고 자신이 예쁜 덕에 지나가던 왕자의 키스로 살아났으니 백설공주가 왕비한테 나쁘다고 할 자격이 없다고 생각했다. 책을 읽으니 우리 가족과 책의 인물들이 비슷해 보였다. 왕비 같은 동생이 말도 안 되는 일로 엄마한테 떼를 쓸 때면 엄마는 동생을 달래주기만 할 뿐 혼낼 생각은 안 하신다. 그러면 동생은 더욱더 나빠질 뿐 자신이 한 잘못을 모른다. 너무 답답하다! 엄마가 왕비 같아지면 좋겠다.

독후감 쓰기 팁

어떻게 써야 할지 감이 안 온다면, 내가 이 책의 주인공이나 등장인물들을 만난다고 생각해 봐. 그때 해주고 싶은 이야기나 조언을 편지 형식으로 써보는 거야!

책의 제목:

등장인물의 외모도 설명할 수 있지!

❶ 이 책을 모르는 사람에게 등장인물을 4명만 뽑아서 설명해준다면?

❷ 등장인물들의 성격을 서로 바꾼다면?

_____ 와 _____ 를 바꿀 것이다. 왜냐하면

_____ 이기 때문이다.

_____ 와 _____ 를 바꿀 것이다. 왜냐하면

_____ 이기 때문이다.

❸ 내가 주인공이었다면 어떻게 했을까?

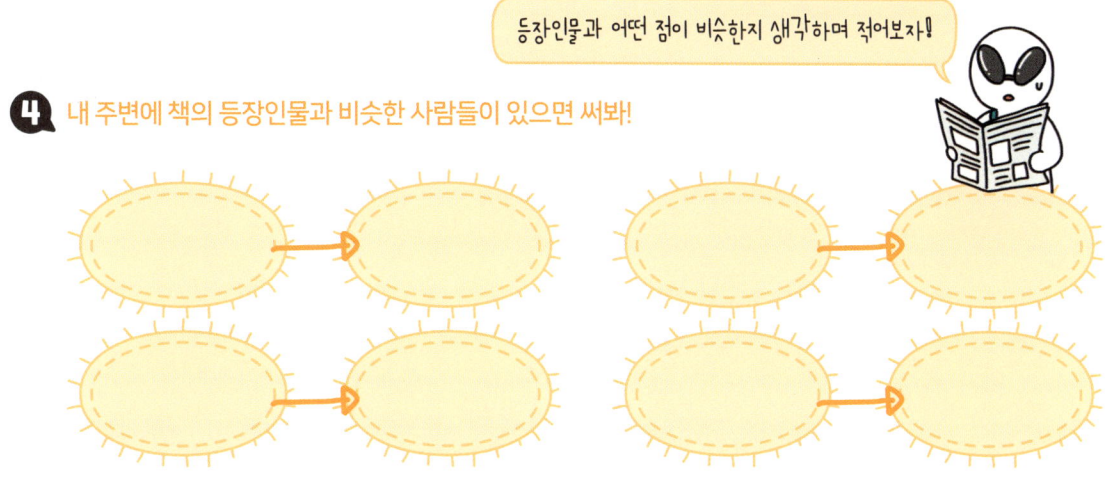

4 내 주변에 책의 등장인물과 비슷한 사람들이 있으면 써봐!

5 정리한 내용을 바탕으로 독후감을 써보자!

제목

독후감 쓰기 팁!
잘 쓴 독후감은 모르는 사람이 보더라도 '이 책은 이런 내용이군.'하고 딱 알아야 해! 줄거리를 쭉 쓰라는 말이 아니라, 책의 핵심 내용과 주제를 잘 파악해서 써야 한다는 말이야!

가정하는 독후감

책의 제목:

> 가정하는 독후감은 소설을 읽었을 때 쓰기 좋아!

1 이 책을 모르는 사람에게 등장인물을 4명만 뽑아서 설명해준다면?

2 등장인물들의 성격을 서로 바꾼다면?

_____ 와 _____ 를 바꿀 것이다. 왜냐하면

_____ 이기 때문이다.

_____ 와 _____ 를 바꿀 것이다. 왜냐하면

_____ 이기 때문이다.

3 내가 주인공이었다면 어떻게 했을까?

_____

_____

_____

_____

_____

> 닫혀있기만 한 책은 블록과 같다는 말이 있어! 책을 읽고 독후감까지 쓴다면 책은 나의 지식이 되는 거야!

4 내 주변에 책의 등장인물과 비슷한 사람들이 있으면 써봐!

5 정리한 내용을 바탕으로 독후감을 써보자!

제목

마음을 전하는 편지 쓰기

편지 쓰기

까톡이 있는데 왜 편지를 써야 하죠?

 쓰기 마술사

까톡은 쓰기 쉽고 편해서 편지처럼 정성을 담기 어려워요!

글씨를 잘 못 써서 편지를 쓰기가 싫어요!

쓰기 마술사

편지는 마음을 전하는 것이기 때문에 진심만 느껴진다면 글씨체는 상관없어요!

편지를 썼는데 답장이 안 오면 어쩌죠?

쓰기 마술사

답장이 와야만 성공한 편지 쓰기가 아닙니다! 진심을 전하는 것이 포인트!

어떻게 하면 편지를 잘 쓸 수 있죠?

 쓰기 마술사

예의를 갖추고 솔직하게 쓰면 됩니다!

 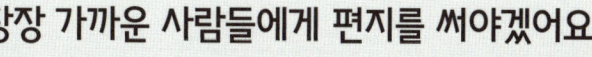

당장 가까운 사람들에게 편지를 써야겠어요!

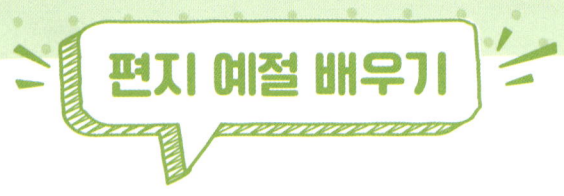

편지 예절 배우기

1 아래의 편지를 읽고 잘못된 부분을 고쳐 다시 써보자!

어른에게 쓰는 편지

to 할머니에게

할머니 안녕, 나 기자야.
할머니가 전에 준 호박죽 맛있었어!
다음에 할머니 집 가면 또 해줘. 우리 할머니 너무 보고 싶다.
건강 잘 챙기고 밥도 잘 먹고 다음 추석에 할머니 집 놀러 갈게!
잘 지내고 있어! 안녕~

from 할머니 손녀 구기자가

할머니에게는 할머니께로 할머니 손녀 구기자가는 할머니 손녀 구기자 올림이라고 바꿔야 해!
편지는 얼굴을 보며 하는 대화가 아니기 때문에 아무리 친하더라도
나보다 윗사람에게는 존댓말을 쓰는 것이 예의야!

초대하는 편지

to 대한이에게

대한아 안녕, 나는 운찬이야.
곧 내 생일인 거 아니? 내 생일파티에 와줘. 파티는 우리 집에서 할 거야.
나는 게임기랑 변신 로봇, 곰 인형이 가지고 싶어.
이 셋 중에 하나를 내 선물로 가져와 줘.
왜 생일은 일 년에 한 번일까? 너무 아쉽다. 그럼 생일 때 보자!

from 운찬이가

초대의 의미로 보내는 편지에는 초대 시간, 날짜, 장소를 분명하게 적어줘.
그리고 내 이야기만 하지 말고 상대방의 참석 여부도 물어보아야 해!

사과하는 편지

to 운찬이에게

운찬아 아까 너를 밀쳐서 미안해.
하지만 내가 빨리 학원을 가야 하는데 네가 문을 막고 있어서 그랬어.
문 앞에 네가 없었더라면 밀지도 않았을 거야.
다른 친구가 거기 있었어도 밀쳤을 거야.
네가 싫어서 그런 건 아니야. 그것만 알아줘.
어쨌든 미안해.

from 대한이가

사과하는 편지에는 싸운 일에 대해서 상대방의 잘못을 이야기하기보다는 자신의 잘못을 이야기하면서 용서를 구해야 해!

부탁하는 편지를 쓸 때는 들어줄 수 있는 부탁인지, 그리고 알맞은 까닭인지를 생각해야 합니다.

부탁하는 편지

to 라이거 오빠에게

제가 학교 글쓰기 수행평가를 해야 하는데 오빠가 글을 써주실 수 있나요?
오빠는 착하니까 제 부탁을 들어주실 거라고 믿어요.
안 들어주면 오빠랑 두 번 다시 말 안 할 거예요.
자기가 착하다고 생각하면 꼭 들어주세요.

from 소희가

편지 봉투는 이렇게 써야 해!

보내는 사람 구기자
반짝시 별빛구 별님동
3 5 2 0 5

→ 보내는 사람, 받는 사람 위치는 정해져 있어요!

받는 사람 박대한
보글보글시 물방울구 톡톡동
2 2 5 0 0

짧은 편지 쓰기

편지를 쓸 사람을 적을 때 이름을 적는 것도 좋지만, 나만의 애칭을 만들어서 적어보는 건 어때?

편지 쓸 사람

안부를 물어보자!

무슨 일 때문에 썼지?

어떤 말로 마음을 전할까?

끝인사는 뭐라고 하지?

쓴 날짜

쓴 사람

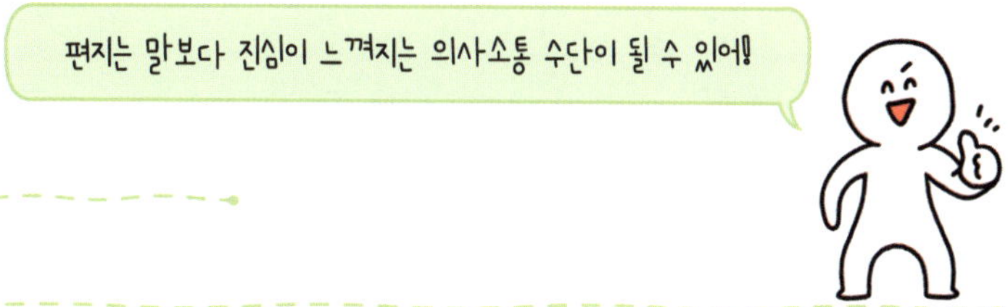

편지는 말보다 진심이 느껴지는 의사소통 수단이 될 수 있어!

편지 쓸 사람

안부를 물어보자!

무슨 일 때문에 썼지?

어떤 말로 마음을 전할까?

끝인사는 뭐라고 하지?

쓴 날짜

쓴 사람

부탁하는 편지를 쓸 때는 딱딱하지 않은 말투로 분위기를 부드럽게 만들어 주면 부탁을 더 잘 들어줄 거야!

① 누구에게 쓸까?

가족　친구　사랑하는 사람　선생님　<u>반려동물</u>　가상 인물　유명인

② 부탁하고 싶은 핵심 내용이 뭔지 간단하게 적어보고 한 문장으로 정리해보자!

배변 훈련　　청결　　정리　　철 들어라

이제 철들 나이가 되었으니 청결을 유지해야 한다. 그러니까 배변 훈련 잘 받아라.

③ 내가 이 부탁을 하려는 이유가 뭘까?

응가를 아무 곳에 나 싸면 치우기 힘들다. 항상 혼내기도 불쌍하다.

이제 어른 강아지가 되었으면 이 정도는 가려야 다른 강아지들에게 부끄럽지 않다.

응가를 아무 데나 싸놓고 밟아서 샤워를 시키려면 둘 다 힘들다.

④ 내가 편지 대상의 부탁을 들어준 일이 있었나?

비 오는 날에 산책하러 나가줬다. 밥 먹었는데 간식 달라고 끙끙대서 간식도 줬다.

아침에 일어나자마자 공놀이하자고 해서 한 시간 동안 공 던져줬다.

⑤ 이 사람이 내 부탁을 들어준다면 어떤 점이 좋을까?

나에게 좋은 점	상대방에게 좋은 점	모두에게 좋은 점
집이 깨끗해진다. 쉴 수 있다. 혼내지 않아도 된다.	혼나지 않는다. 똑똑해진다. 간식을 먹을 수 있다.	응가를 밟지 않는다. 자꾸 샤워시키지 않아도 된다. 사이가 더 좋아진다.

6 정리한 내용을 바탕으로, 예쁜 글씨로 편지를 써보자!

부탁하기 전에 상대방을 먼저 칭찬하면 부탁을 더 잘 들어줄 거야!

달봉이에게

달봉아 너는 정말 똑똑해! 앉아, 엎드려, 손까지 다 할 수 있잖아.

그래서 나는 친구들한테 항상 너를 자랑해. 네가 친구들한테 얼마나 인기가 많은지, 애들이 얼마나 우리 집에 오고 싶어 하는지 넌 모를 거야. 근데 달봉아. 내가 왜 친구들을 집에 초대하지 않는지 아니? 그건 바로 너의 응가 때문이야...

너는 정말 똑똑한데 왜 응가는 아무 데나 싸는 걸까? 혹시 오해할까 봐 말하는 건데, 친구들이 널 바보로 볼까 봐 초대하지 않는 게 아니야. 난 너를 사랑해서 너의 응가도 치워줄 수 있지만, 친구들은 싫어할 수 있으니까 데려오지 못하는 거야! 네가 응가를 잘 가린다면 너한테도 좋은 점이 많을 거야. 나한테 칭찬도 받을 거고 좋은 간식을 먹을 수 있을 거야. 그리고 가장 좋은 점은 네가 싼 응가를 밟지 않아서 샤워를 덜 하게 된다는 거야. 너는 물을 정말 싫어하잖아. 그래서 최대한 샤워를 덜 시키려고 하는데, 네가 아무 데나 싼 응가 때문에 자꾸 샤워를 시켜야 하는 거야.

나는 네가 싫어하는 모습을 보는 게 너무 힘들거든! 그러니까 내 말을 잘 들어줘. 아! 물론 나한테도 좋은 점이 있어. 집이 깨끗해질 거고 나는 푹 쉴 수가 있겠지. 그리고 너를 혼내지 않아도 되니까 우린 사이가 더 좋아질 거야. 응가를 잘 가려 싸는 건 우리 서로에게 좋은 점이 많다는 걸 알아두면 좋겠어. 그럼 바뀐 너의 모습을 기대할게. 항상 건강하고, 나랑 오래오래 같이 살자. 안녕!

널 사랑하는 주인이

1 누구에게 쓸까?

가족   친구   사랑하는 사람   선생님   반려동물   가상 인물   유명인

2 부탁하고 싶은 핵심 내용이 뭔지 간단하게 적어보고 한 문장으로 정리해보자!

3 내가 이 부탁을 하려는 이유가 뭘까?

4 내가 편지 대상의 부탁을 들어준 일이 있었나? 상대방이 곤란해할 것 같은 부탁이라면 안 하는 것이 좋겠지?

5 이 사람이 내 부탁을 들어준다면 어떤 점이 좋을까?

나에게 좋은 점	상대방에게 좋은 점	모두에게 좋은 점

6 정리한 내용을 바탕으로, 예쁜 글씨로 편지를 써보자!

부탁을 들어줬을 때 부탁받는 사람과 나, 두 사람 다 장점이 있다는 걸 강조해!

편지의 대상을 정하기 어려울 때는 자기 자신에게 부탁하는 편지를 써보는 건 어때?

❶ 누구에게 쓸까?

　　　가족　　친구　　사랑하는 사람　　선생님　　반려동물　　가상 인물　　유명인

❷ 부탁하고 싶은 핵심 내용이 뭔지 간단하게 적어보고 한 문장으로 정리해보자!

❸ 내가 이 부탁을 하려는 이유가 뭘까?

❹ 내가 편지 대상의 부탁을 들어준 일이 있었나?　앞으로 도와줄 수 있는 점에 대해 적는 것도 좋아!

❺ 이 사람이 내 부탁을 들어준다면 어떤 점이 좋을까?

나에게 좋은 점	상대방에게 좋은 점	모두에게 좋은 점

> 부탁하는 내용은 편지의 뒷부분에 써서 읽는 사람이 부담을 갖지 않도록 해야 해!

6 정리한 내용을 바탕으로, 예쁜 글씨로 편지를 써보자!

감사 편지 쓰기

1 누구에게 쓸까?

> 가족   친구   사랑하는 사람   선생님   반려동물   가상 인물   유명인

2 어떤 말투를 사용해야 할까?

> 부드러운   강력한   존댓말   친근한   진지한   가벼운   무심한

3 편지 받을 대상을 관찰하고 그 대상이 좋아할 말들을 써보자.

4 전하고 싶은 핵심 내용이 뭔지 간단하게 적어보고 한 문장으로 정리해보자!

5 감사했던 상황과 이유를 적어보자!

상황	이유

감사 편지에는 말로 하지 못했던 부끄러운 표현들도 적어보면 좋겠지?

6 정리한 내용을 바탕으로, 예쁜 글씨로 편지를 써보자!

감사 편지 쓰기

편지를 쓰기 어렵다면 편지에 쓸 내용을 혼잣말로 이야기해보자!

1 누구에게 쓸까?

> 가족   친구   사랑하는 사람   선생님   반려동물   가상 인물   유명인

2 어떤 말투를 사용해야 할까?

> 부드러운   강력한   존댓말   친근한   진지한   가벼운   무심한

3 편지 받을 대상을 관찰하고 그 대상이 좋아할 말들을 써보자.

4 전하고 싶은 핵심 내용이 뭔지 간단하게 적어보고 한 문장으로 정리해보자!

5 감사했던 상황과 이유를 적어보자!

상황 | 이유

> 받는 사람이 부담스럽지 않게 가벼운 인사말로 시작해보자!

6 정리한 내용을 바탕으로, 예쁜 글씨로 편지를 써보자!

1 누구에게 쓸까?

> 가족   친구   사랑하는 사람   선생님   반려동물   가상 인물   유명인

2 편지 받을 사람을 관찰하고 그 사람이 좋아할 말들을 써보자.

> 편지를 쓸 때 분위기를 풀기 위해 칭찬을 쓰면 좋아!

3 어떤 사실을 숨기고 있었어?

4 왜 숨기고 있었을까?

5 지금 고백하는 이유는 뭐야?

잘못을 고백하는 편지라면 잘못했던 상황을 정확하게 이야기해야 해!

6 정리한 내용을 바탕으로, 예쁜 글씨로 편지를 써보자!

# 고백 편지 쓰기

편지의 대상을 정하기 어렵다면 자기 자신에게 고백 편지를 쓰는 건 어때?

1 누구에게 쓸까?

가족   친구   사랑하는 사람   선생님   반려동물   가상 인물   유명인

2 편지 받을 사람을 관찰하고 그 사람이 좋아할 말들을 써보자.

3 어떤 사실을 숨기고 있었어?

4 왜 숨기고 있었을까?

5 지금 고백하는 이유는 뭐야?

6 정리한 내용을 바탕으로, 예쁜 글씨로 편지를 써보자!

> 고백 편지는 너무 감정적으로 쓰면 안 돼!!
> 상대방이 부담스러워할 거야!

생각을 말하는 논설문 쓰기

논설문 쓰기

논설문은 어려운 단어를 사용해야 하나요?

 쓰기 마술사

글을 읽는 대상이 이해하기 쉬운 단어를 사용해야 합니다!

논설문 주제는 어떻게 정해야 하죠?

 쓰기 마술사

자기가 잘 아는 내용으로 좁은 범위의 주제를 잡아야 합니다!

주장을 펼치기 위해 과장해서 글을 써도 되나요?

 쓰기 마술사

논설문은 논리적으로 자신의 의견을 주장해야 하기 때문에 사실에 근거하여 글을 써야 합니다!

잘 쓴 논설문의 기준이 뭔가요?

 쓰기 마술사

주장과 근거가 연관성이 있어야 잘 쓴 논설문입니다!

 주제부터 정해야겠네요!

논설문 개요 쓰기

주제: 일기장을 검사받아야 하는가?

❶ 누구에게 뭐라고 주장할까?

선생님에게, 일기장 검사를 하면 안 된다!

❷ 왜 이렇게 말하고 싶어? 이와 관련한 자료가 있나?

내 주장대로 하지 않았을 때 어떤 문제들이 있는지 생각해보면 이유를 알 수 있어!

이유	이유	이유
검사 때문에 부끄러워서 속마음을 진심으로 일기에 쓰지 못한다.	사생활을 침해한다.	일기는 보면 안 되는 것이라고 배우기 때문에 선생님도 보면 안된다.
자료	**자료**	**자료**
인권위원회 인권정책국장 간담회 대화 내용	유엔아동권리협약 내용	국가인권위원회 공식 입장

❸ 상대의 반대 의견을 예상해보자. 뭐라고 반박할래?

반대의견	반대의견	반대의견
검사용 일기와 개인 일기를 따로 작성하면 된다.	일기를 통해 선생님이 알지 못하는 생활을 알게 되어 고민을 해결해 줄 수 있다.	선생님은 일기를 보며 틀린 맞춤법을 알려주고, 아이들과 일기장을 통해 대화 할 수 있다.
해결방안	**해결방안**	**해결방안**
검사용 일기는 일기 쓰기의 진짜 의미를 흐리는 일이다.	고민을 해결하기 위함이라면 교실에 고민을 적어 제출하는 우편함 같은 것을 만들면 된다.	일기가 아닌 다른 글쓰기 숙제를 통해 알려줄 수 있고, 대화도 다른 방법으로 할 수 있다.

자료 찾기 팁!
자료는 뉴스 기사나 신문처럼 신뢰도가 중요해! 옆 동네 누군가의 이야기보다는 'OO 박사가 말하길' 처럼 신뢰할 수 있는 사람의 이야기 말이야! 그리고 자료를 사용한다면 꼭 출처를 적어놓아야 해.

4 나의 주장대로 했을 때 장점이 있나?

장점1	장점2	장점3
진심을 다해 일기를 쓰게 되어 일기에 애착이 생긴다.	좋은 일만 쓰지 않아서 하루를 되돌아보는 데에 도움이 된다.	진짜 나의 하루를 적기 때문에 나중에 일기가 모이면 좋은 추억이 된다.

5 정리한 내용을 바탕으로 개요를 만들어보자!

제목   일기의 본질을 흐리는 일기장 검사

주장   일기장을 검사하면 안 된다.

서론 (동기, 목적)   안네의 일기장을 누군가 검사했다면 어떻게 되었을까. 아마 일기 쓰기에 부담감을 느껴 제대로 된 일기를 쓰지 못하고 안네의 일기 같은 작품은 세상에 나오지 못했을 것이다. 일기 검사로 학생들은 일기를 진심으로 쓰지 못하고 글쓰기 숙제로 전락해버린다.

본론 (근거, 근거 자료)   일기의 정의는 날마다 그날그날 겪은 일이나 생각, 느낌을 적는 개인의 기록이다. 일기 검사의 부담을 느낀 학생들은 진심으로 자기 생각을 적지 못할 것이고, 이는 일기 쓰기의 본질을 흐리는 일이다. 국가인권위원회는 일기 검사가 개인의 기록을 보는 사생활 침해라고 하였다. 일기를 통해 선생님들이 아이들의 맞춤법을 고쳐주고 고민을 해결해 주는 행위는 일기가 아닌 다른 방법으로 할 수 있다.

결론 (주장, 근거 정리)   일기 검사를 하지 않는다면 일기장에 애착이 생길 것이고 진심을 다해 일기를 적어 하루를 되돌아보는 데에 도움이 될 것이다. 일기의 본질을 찾을 수 있다.

"학교에서 휴대폰 사용을 금지하는 선생님"처럼 내 논설문을 볼 명확한 대상이 있어야 해!

주제: 학교에서 휴대폰 사용을 금지해야 하는가?

1 누구에게 뭐라고 주장할까?

2 왜 이렇게 말하고 싶어? 이와 관련한 자료가 있나?

자료가 있다면 논설문의 설득력이 높아지지!

이유	이유	이유
자료	자료	자료

3 상대의 반대 의견을 예상해보자. 뭐라고 반박할래?

반대의견	반대의견	반대의견
해결방안	해결방안	해결방안

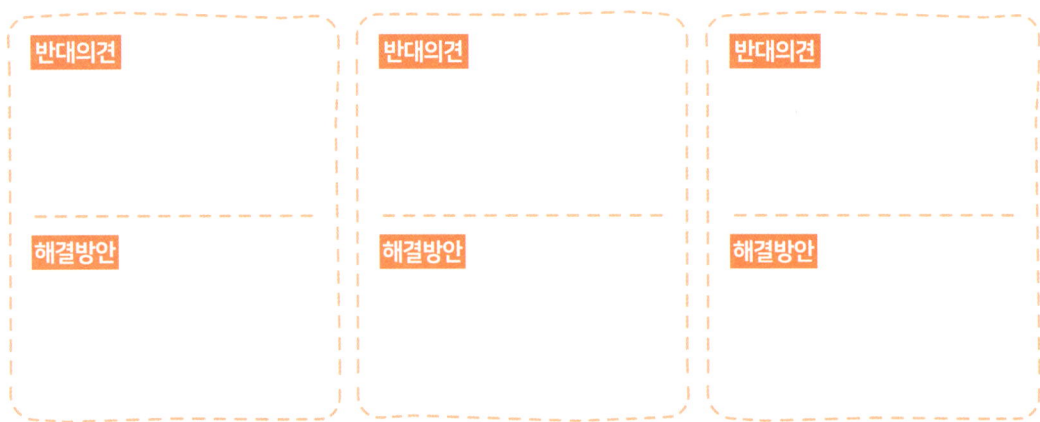

개요 쓰기 팁!
개요는 전체 글을 쓰기 위한 계획표와 같아. 그렇기 때문에 세세한 내용을 쓰는 것보다는 논설문의 전체적인 흐름에 집중하면서 쓰는 것이 좋은 개요를 쓰는 방법이야!

💬 나의 주장만 이야기하면 설득력이 떨어지기 때문에 장점들을 적어줘야 해!!

4 나의 주장대로 했을 때 장점이 있나?

| 장점1 | 장점2 | 장점3 |

5 정리한 내용을 바탕으로 개요를 만들어보자!

제목

주장

서론 (동기, 목적)

본론 (근거, 근거 자료)

결론 (주장, 근거 정리)

논설문 개요 쓰기

주제: 게임 중독 방지를 위해 게임 셧다운제를 실시해야 하는가?

❶ 누구에게 뭐라고 주장할까?

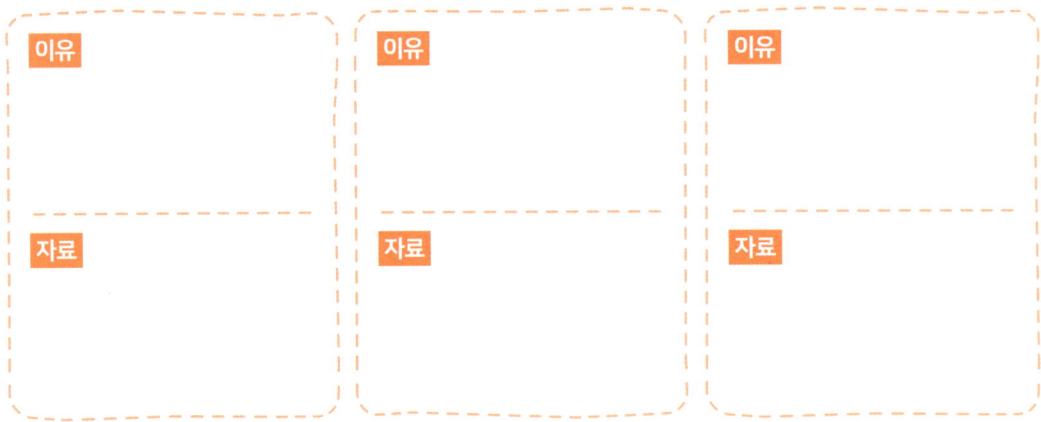

게임 셧다운제란? 온라인 게임 중독을 방지하기 위해 만 16세 미만 청소년은 밤 12시부터 다음 날 오전 6시까지 온라인 게임에 접속할 수 없도록 하는 내용의 제도야!

❷ 왜 이렇게 말하고 싶어? 이와 관련한 자료가 있나?

이유	이유	이유
자료	자료	자료

❸ 상대의 반대 의견을 예상해보자. 뭐라고 반박할래?

반대의견	반대의견	반대의견
해결방안	해결방안	해결방안

개요에서 나의 주장과 근거가 서로 맞는지 확인해야 해!

4 나의 주장대로 했을 때 장점이 있나?

| 장점1 | 장점2 | 장점3 |

5 정리한 내용을 바탕으로 개요를 만들어보자!

제목

주장

서론(동기, 목적)

본론 (근거, 근거 자료)

결론 (주장, 근거 정리)

결론에서는 나의 주장을 실천 할 수 있는 방법을 제시해주는 것이 좋아!

주제: 중증 환자들에게 안락사를 허가해야 하는가?

1 누구에게 뭐라고 주장할까?

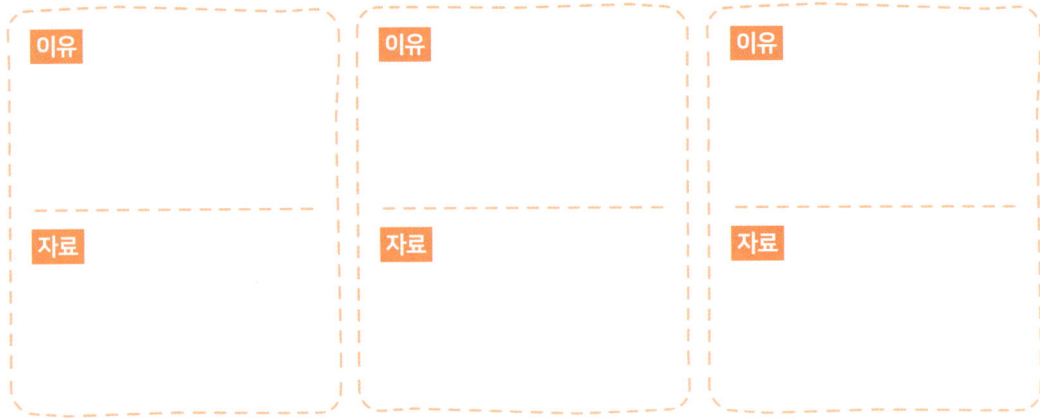

안락사란?

안락사는 회복의 가망이 없는 중환자의 고통을 덜어주기 위하여 인위적으로 생명을 단축시켜 사망하게 하는 의료 행위야. 우리나라는 동물에 한해서만 안락사를 허용하고 있어!

2 왜 이렇게 말하고 싶어? 이와 관련한 자료가 있나?

이유	이유	이유
자료	자료	자료

3 상대의 반대 의견을 예상해보자. 뭐라고 반박할래?

반대의견	반대의견	반대의견
해결방안	해결방안	해결방안

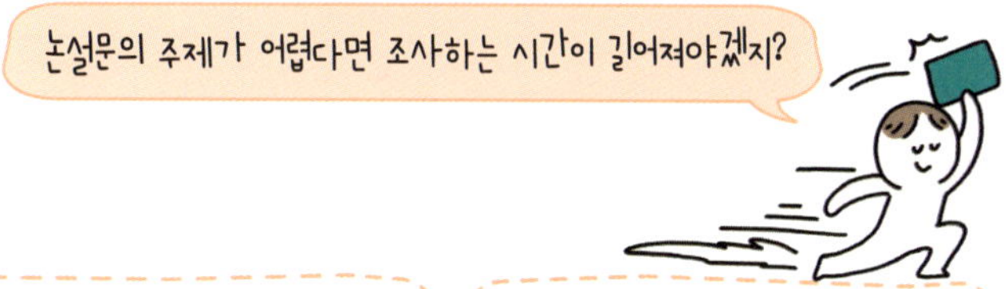

💬 논설문의 주제가 어렵다면 조사하는 시간이 길어져야겠지?

❹ 나의 주장대로 했을 때 장점이 있나?

| 장점1 | 장점2 | 장점3 |

❺ 정리한 내용을 바탕으로 개요를 만들어보자!

제목

주장

서론(동기, 목적)

본론 (근거, 근거 자료)

결론 (주장, 근거 정리)

주제: 중학생의 이성 교제를 금지해야 하는가?

내 주장이 실현 가능한지 한 번 더 생각해보자!

1 내 주장을 적어보자!

2 주장을 뒷받침할 이유와 근거(자료)가 있나?

이유	이유	이유
근거	근거	근거

3 나의 주장대로 했을 때 장점이 뭘까?

아주 짧은 개요를 적을 땐 주장과 근거를 단어로 정리해봐!

장점1	장점2	장점3

4 위의 내용을 정리하며 간단한 개요를 적어보자.

서론

본론

결론

❺ 개요를 토대로 논설문을 써보자!

각각의 근거를 적을 때마다 문단을 나눠서 논설문을 쓰는 것이 좋아!

제목

논설문 팁!

1. 확실한 문장 쓰기
분리수거를 잘해야 할 것 같습니다. → '분리수거를 잘합시다.' 같이 명확한 표현을 써야 해!

2. 감정이 드러나게 쓰지 않기
분리수거를 잘 안 하면 화가 나기 때문에 잘해야 합니다. → 감정이 들어가면 설득력이 떨어져 보여!

논설문은 읽는 사람이 내 생각을 받아들이도록 하는 것이 포인트야!

주제: 성적에 따라 반을 나눠서 수업을 들어도 될까?

1 내 주장을 적어보자!

2 주장을 뒷받침할 이유와 근거(자료)가 있나?

이유	이유	이유
근거	근거	근거

3 나의 주장대로 했을 때 장점이 뭘까?

| 장점1 | 장점2 | 장점3 |

4 위의 내용을 정리하며 간단한 개요를 적어보자.

서론

본론

결론

❺ 개요를 토대로 논설문을 써보자!

논설문은 진지한 어투를 사용하여 글을 써야 신뢰감이 생겨!

제목

논설문은 다른 사람을 설득하는 글이지만, 내 주장을 강요해서는 안 돼!

주제: 학교에서 교복을 꼭 입어야 할까?

1 내 주장을 적어보자!

2 주장을 뒷받침할 이유와 근거(자료)가 있나?

이유	이유	이유
근거	근거	근거

3 나의 주장대로 했을 때 장점이 뭘까?

장점1	장점2	장점3

4 위의 내용을 정리하며 간단한 개요를 적어보자.

서론

본론

결론

글을 다 썼다면 띄어쓰기나 맞춤법이 틀린 부분이 있는지 다시 확인해보자!

5 개요를 토대로 논설문을 써보자!

제목

"추억을 기록하는 기행문 쓰기

기행문 쓰기

> 멀리 여행을 가야만 기행문을 쓸 수 있나요?

 쓰기 마술사

> 여정, 보고 들은 것, 감상 이 세 가지가 포함된다면 소풍, 친구 집 등도 기행문의 주제가 될 수 있습니다!

> 기행문을 쓰기 전 준비해야 할 게 있나요?

 쓰기 마술사

> 여행지에 대한 사전 조사를 해야 합니다!

> 전에 다녀왔던 곳은 기행문을 또 쓸 수 없나요?

 쓰기 마술사

> 같은 곳을 여행했더라도 기억에 남는 점이나 느낌이 다르기 때문에 또 써도 됩니다!

> 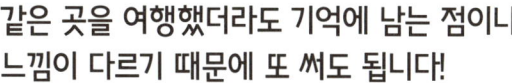 멋진 기행문을 쓰고 싶은데 과장해도 되나요?

 쓰기 마술사

> 자신의 경험을 쓰는 것이기 때문에 사실대로 써야 합니다.

 적은 것들이 다 추억이 되겠네요!

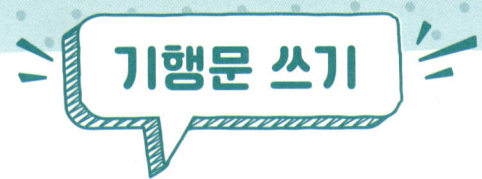

여행지: 제주도

❶ 여행의 동기와 목적이 뭐야?

비행기를 한 번도 타본 적이 없다. 가까운 제주도에 가면서 비행기도 타보고, 고모를 만나기 위해.

❷ 어디로 가서 뭘 했어? 일정을 써보자!

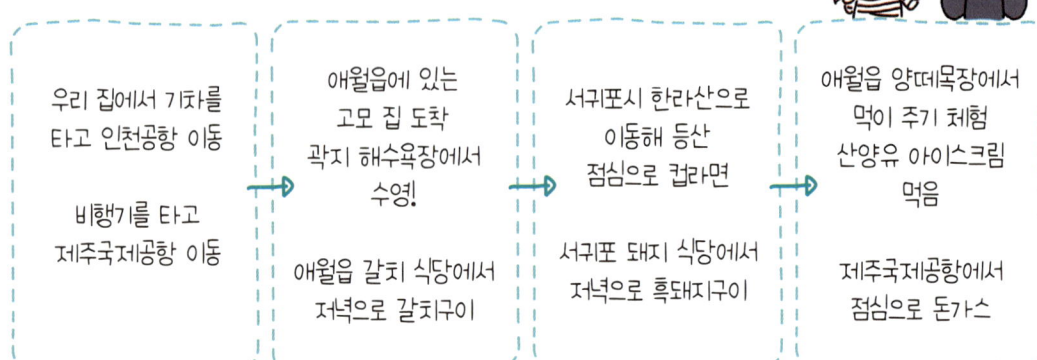

❸ 여행하면서 본 것과 들은 것을 써보자!

식당에서 큰 갈치	갈치는 몸에 비늘이 없고 은색 가루가 덮여져 있다고 한다.
한라산 백록담	백록담은 선녀들이 내려와 목욕하던 곳이라는 전설이 있다.
식당에서 흑돼지	흑돼지는 털이 까맣지, 고기는 까만색이 아니다.
양 떼	수컷은 식탐이 많아서 먹이 체험장의 양들은 거의 수컷이다.

❹ 여행하면서 뭐가 낯설었어?

비행기 좌석이 기차와 달리 생각보다 좁아서 낯설었다. 그리고 제주도까지 55분밖에 걸리지 않는다는 사실이 신기했다. 나는 육지로 둘러싸인 곳에 살아서 집 앞에 조금만 나가면 바다가 있는 것이 낯설었고 돌아다니면서 은은하게 나는 바다 냄새가 좋았다. 그리고 현지 분들보다 관광객이 많은 모습이 우리 동네와 달라 낯설었다.

> 제목을 보고 기행문이 궁금하도록 해야 해!

5 정리한 내용을 바탕으로 기행문을 써보자!

제목 비행기를 처음 타본다면 제주도지!

'내일이면 비행기를 처음 타본다!' 제주도를 간다는 사실보다 처음 타는 비행기가 나를 더 설레게 했다. 공항까지 가는 길이 멀었지만 설렘 때문인지 힘들지 않았다. "사람 무지하게 많네~" 엄청난 인파를 헤치며 들어간 비행기 안은 너무 좁았다. 하지만 금방 잠이 들었고 잠결에 고모 집까지 갔다. 잠이 깨고 보니 나는 해수욕장에 있었다. 차가운 바닷물에 풍덩 빠져서 수영도 하고 추워지면 따뜻한 모래사장에 눕기를 반복하다 보니 어느새 저녁이 되었다. 간단히 씻고 갈치구이를 먹으러 갔는데 나는 내 눈을 의심하지 않을 수 없었다. "갈치 맞아? 뱀 구이 아니야?" 하지만 맛은 뱀이 아닌 부드럽고 담백한 맛이었다. 밥을 먹고 나니 잠이 쏟아져 바로 잠이 들었다. 늦잠을 자서 아침도 못 먹고 바로 한라산을 등산했다. 꼬르륵 소리에 힘들었지만, 정상에 도착해 컵라면을 점심으로 먹으니 낙원이 따로 없었다. 부른 배를 두드리며 내려와 다시 자고 누워 바다를 구경하다 저녁으로 흑돼지를 먹으러 갔다. 나는 고기가 검은색일 줄 알았는데 일반 돼지고기와 색이 같았다. 주인아주머니가 "흑돼지는 털만 까만색이기 때문에 그런 거야."라고 알려주셨다. 약간 실망하고 고기를 먹어보니 맛이 일반 돼지고기보다 고소하고 육즙이 넘쳐 너무 맛있었다. 배가 터지도록 고기를 먹고 주변을 산책하며 바다 냄새를 맡고 잠들었다. 마지막 날은 내가 좋아하는 양을 보러 갔다. 내가 준 건초를 오물오물 맛있게 먹는 양들을 보니 머리를 쓰다듬어 보고 싶었지만, 생각보다 털이 까매서 만지지 못했다. 매점에 파는 산양유 아이스크림을 사서 창문을 열고 바다 냄새와 함께 아이스크림을 먹으며 나의 제주도 여행을 마무리했다. 나의 첫 비행기 여행이 제주도라 더 행복한 여행이 된 것 같다.

여행지:

1 여행의 동기와 목적이 뭐야?

2 어디로 가서 뭘 했어? 일정을 써보자!

> 일정이 너무 많다면 제일 인상 깊었던 일을 적으면 돼!

3 여행하면서 본 것과 들은 것을 써보자!

> 기행문은 여행하면서 보고 들은 것에 대한 감상을 꼭 적어야 해!

4 여행하면서 뭐가 낯설었어?

5 정리한 내용을 바탕으로 기행문을 써보자!

친구에게 말하는 것처럼 편안한 마음으로 기행문을 적어봐!

제목

기행문 쓰기 팁!

기행문은 읽는 사람이 마치 직접 여행을 하는 것처럼 느껴야 하기 때문에 '불국사에 가는 날이었다.' 처럼 과거형으로 쓰는 것보다는 '불국사에 가는 날이다.' 같이 현재형으로 적는 게 좋아!

여행지:

❶ 여행의 동기와 목적이 뭐야?

❷ 어디로 가서 뭘 했어? 일정을 써보자!

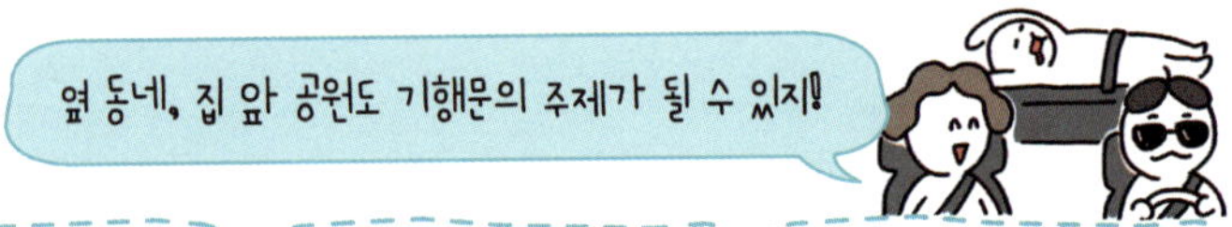

> 옆 동네, 집 앞 공원도 기행문의 주제가 될 수 있지!

❸ 여행하면서 본 것과 들은 것을 써보자!

❹ 여행하면서 뭐가 낯설었어?

5 정리한 내용을 바탕으로 기행문을 써보자!

기행문은 형식이 자유로워서 일기, 편지같이 여러 방법으로 쓸 수 있어!

제목

기행문 쓰기

1 어디를 여행했어? 그 여행지를 선택한 이유는?

`여행지`

`이유`

여행지를 찍은 사진이 있다면 그림 대신 붙여도 좋아!

2 여행한 순서대로 그림을 그려보고 그때의 감정이 어땠는지 써보자!

여행 준비, 출발

가는 길

여행지 1

여행지 2

여행지 3

마무리

❸ 여행하며 알게 된 사실이 있나?

> 새롭게 알게 된 사실을 친구들에게 말하듯 실감 나게 적어보자!

❹ 정리한 내용을 바탕으로 기행문을 써보자!

> 중세시대의 기행문은 재미를 위해 거짓으로 과장된 묘사들이 많았대! 우리는 그러면 안 되겠지?

제목

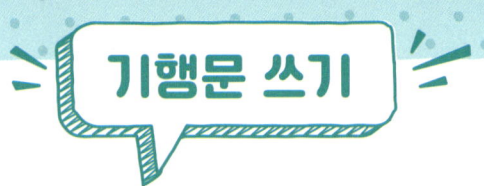

❶ 어디를 여행했어? 그 여행지를 선택한 이유는?

> 그때 당시의 감정을 얼마나 실감 나게 적느냐에 따라 기행문의 완성도가 달라질 거야!

여행지

이유

❷ 여행한 순서대로 그림을 그려보고 그때의 감정이 어땠는지 써보자!

여행 준비, 출발

가는 길

여행지 1

여행지 2

여행지 3

마무리

❸ 여행하며 알게 된 사실이 있나?

❹ 정리한 내용을 바탕으로 기행문을 써보자!

제목

① 가고 싶은 여행지를 정해서 시간표를 짜보자!

가고 싶은 여행지:

계획을 쓰기 전에 여행지에 대한 조사는 필수인 거 알지?

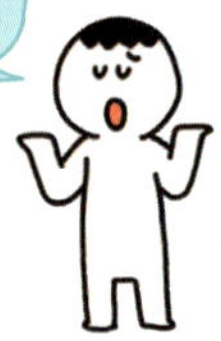

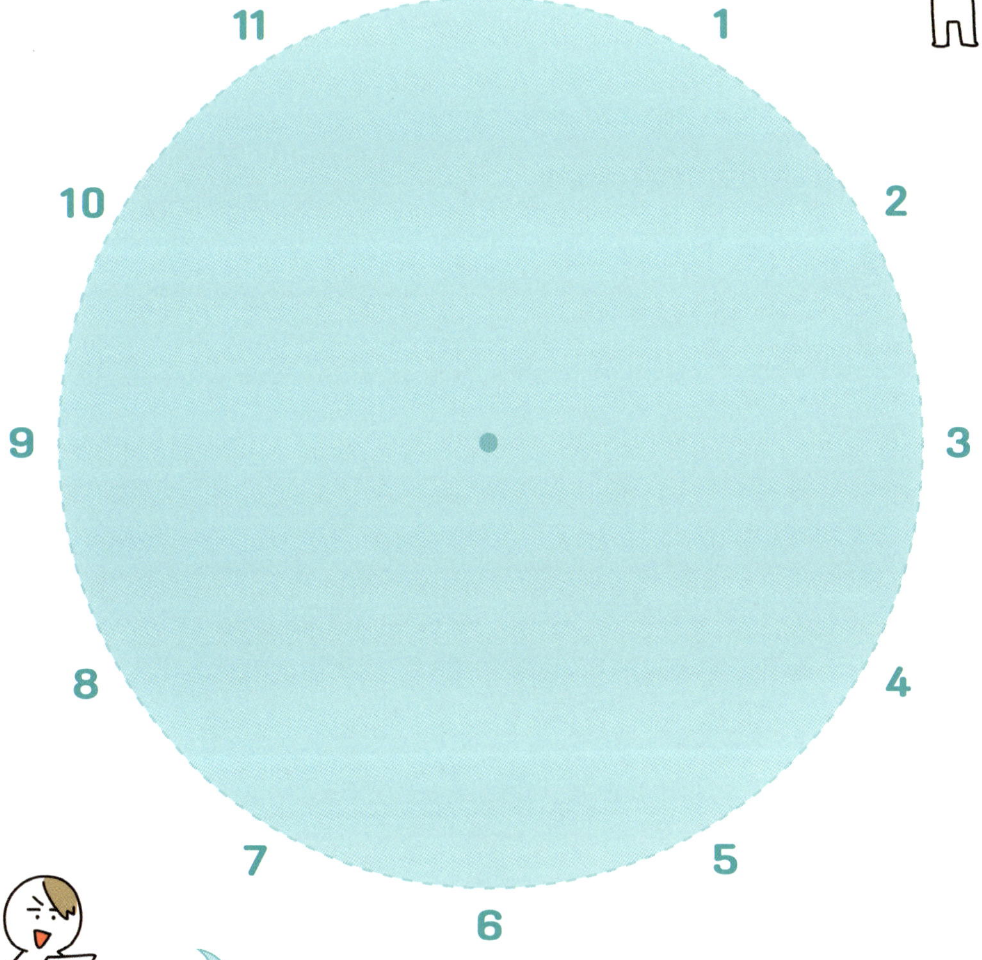

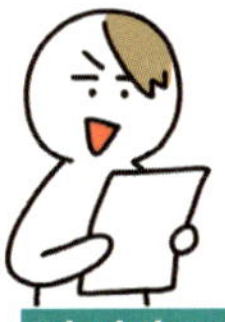

이 시간표의 주제

맛있는 음식을 먹으러 간 맛집 여행, 역사 공부를 위해 간 문화재 탐방 같은 주제들 말이야!

> 여행을 가기 위해 계획하고 준비한 과정들도 적으면 더 풍부한 기행문이 될 거야!

❷ 계획을 실천해보고 기행문을 써보자!

제목

기행문 계획 쓰기

1 가고 싶은 여행지를 정해서 시간표를 짜보자!

계획은 이동 시간을 고려해서 짜야 해!

가고 싶은 여행지:

12 11 1 10 2 9 3 8 4 7 5 6

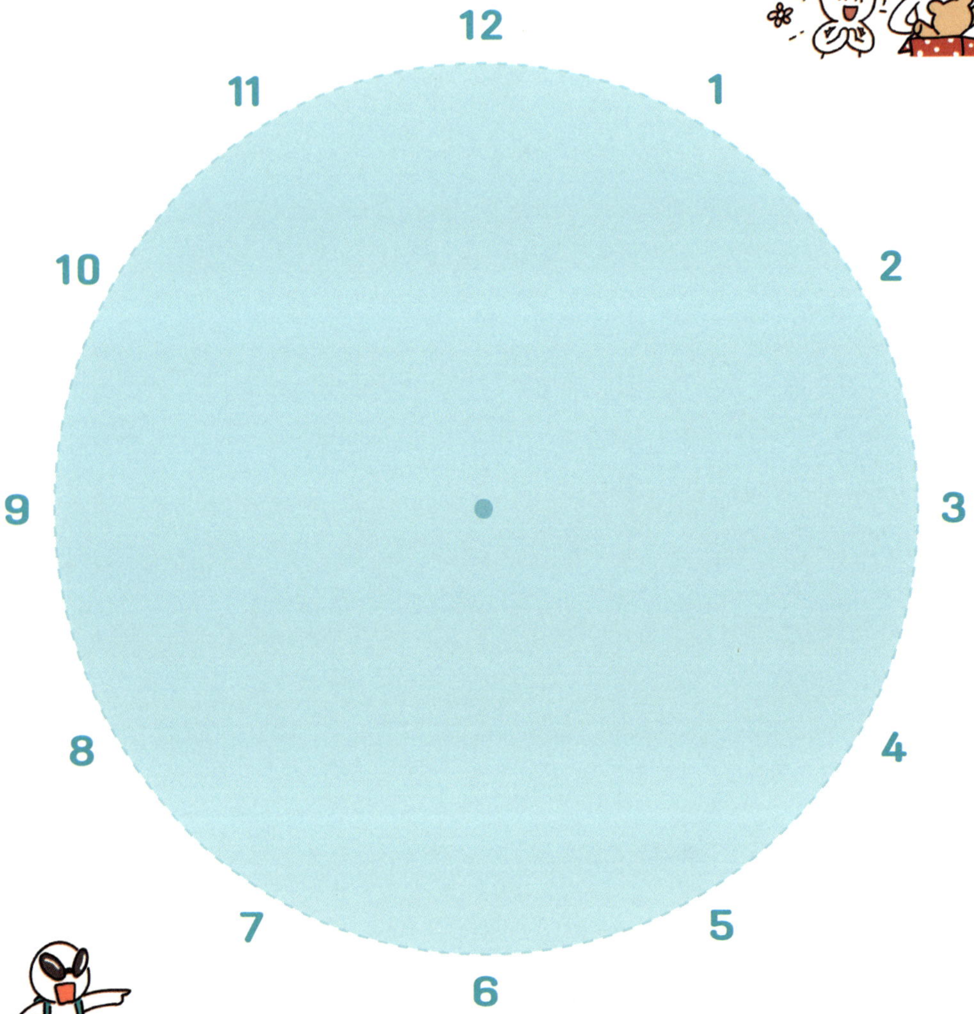

이 시간표의 주제

여행을 갔다고 해서 잠자는 시간이나 휴식 시간을 너무 줄여서 계획을 짜면 안 돼!

❷ 계획을 실천해보고 기행문을 써보자!

제목

사실을 전달하는 설명문 쓰기

설명문 쓰기

설명문을 쓰려면 지식이 풍부해야 하지 않나요?

쓰기 마술사

지식이 풍부할 필요는 없지만, 내가 설명하기로 한 것은 열심히 조사해야겠죠? 설명문은 정보를 전달하는 글이니까요.

자료조사는 어디서 해야 하나요?

쓰기 마술사

사전, 책, 신문, 인터넷 등 정확한 정보를 얻을 수 있는 곳이라면 상관없습니다!

설명을 잘해주려면 길게 쓰는 것이 좋겠죠?

쓰기 마술사

글이 너무 길면 읽는 도중에 집중력이 흐려질 수 있으니 간결하게 핵심만을 적어야 합니다!

뭐든지 설명문의 주제가 될 수 있나요?

쓰기 마술사

네! 사람들이 궁금해할 만한 이야기들은 다 상관없습니다!

 설명문을 쓰다 보면 저도 똑똑해지겠네요!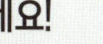

설명문 쓰기

주제: 김치

설명 대상이 명확해야 글쓰기가 편해질 거야~!

1 누구에게 설명해 줄까?

김치를 처음 먹어보는 외국 사람들

2 설명을 듣는 사람은 어떤 것을 궁금해할까? 마인드맵을 만들어보자!

3 위에 적은 내용에 대한 답을 써보자!

1 채소를 양념에 절여 발효시킨 한국의 전통 음식이다.

2 무, 배추, 파, 오이 등 여러 채소를 사용하며 김치의 종류에 따라 재료와 모양이 다르다.

3 발효하여 톡 쏘며 시원한 맛이 있고, 고춧가루가 들어간 김치는 매콤하다.

4 유산균으로 인하여 소화가 잘되고 장을 깨끗이 하는 정장 작용도 해준다.

5 채소를 굵은 소금에 절여 고춧가루, 파, 마늘, 젓갈 등을 넣은 양념에 버무려 숙성시킨다.

6 건강식품으로 유명해진 김치는 외국에서 인기 많은 한식 2위가 되었다.

4 정리한 내용을 바탕으로 설명문을 써보자!

주제에 대한 모든 것을 설명하는 것보다는 설명문을 읽는 대상이 가장 궁금해할 것 같은 내용 위주로 설명문을 쓰는 것이 좋아!

제목 인기쟁이 김치

머리말 (읽는 이의 흥미 끌기) 채소를 양념에 절여 발효시킨 한국의 전통 음식인 김치가 외국에서 인기 많은 한식 2위가 되었다. 많은 한식 중 2위를 차지하게 된 이유는 무엇일까?

본문 (대상에 대한 설명) 첫 번째 이유는 만들 수 있는 재료가 다양하기 때문이다. 흔하게는 배추와 무 야채들부터 더 나아가서는 사과, 배 같은 과일까지도 김치로 만들 수 있다. 그렇기 때문에 외국인들이 재료를 구해 만들어 먹기 쉽다. 다음으로는 김치의 효능 때문이다. 김치의 주원료가 되는 채소들은 다량의 섬유소가 함유되어 있어 변비를 예방하고 장염이나 결장염 같은 질병을 예방해준다. 게다가 숙성함에 따라 젖산균이 증가하고 요구르트와 같이 장내의 산도를 낮춰 유해균을 억제 시키는 정장작용을 한다. 또 노화를 억제하는데 피부 노화를 가장 많이 억제한다는 연구 결과도 있다. 세 번째로는 김치의 활용도 때문이다. 한식에는 김치를 활용하여 만든 음식들이 많기 때문에 사서 생으로 먹을 수도 있지만 직접 한식을 만들어 볼 수 있는 기회도 생긴다.

맺음 (내용 요약) 이렇게 재료의 다양성, 효능, 활용도 모두 좋은 김치는 우리의 밥상에서 절대로 빠져서는 안 되는 음식이다. 우리는 김치를 더 발전시키고 가꾸어 나가 더 많은 외국인에게 김치를 알려야 한다.

출처 농림 축산 식품부 '2020 해외 한식 소비자 조사'

주제: 나의 꿈

1 누구에게 설명해 줄까?

2 설명을 듣는 사람은 어떤 것을 궁금해할까? 마인드맵을 만들어보자!

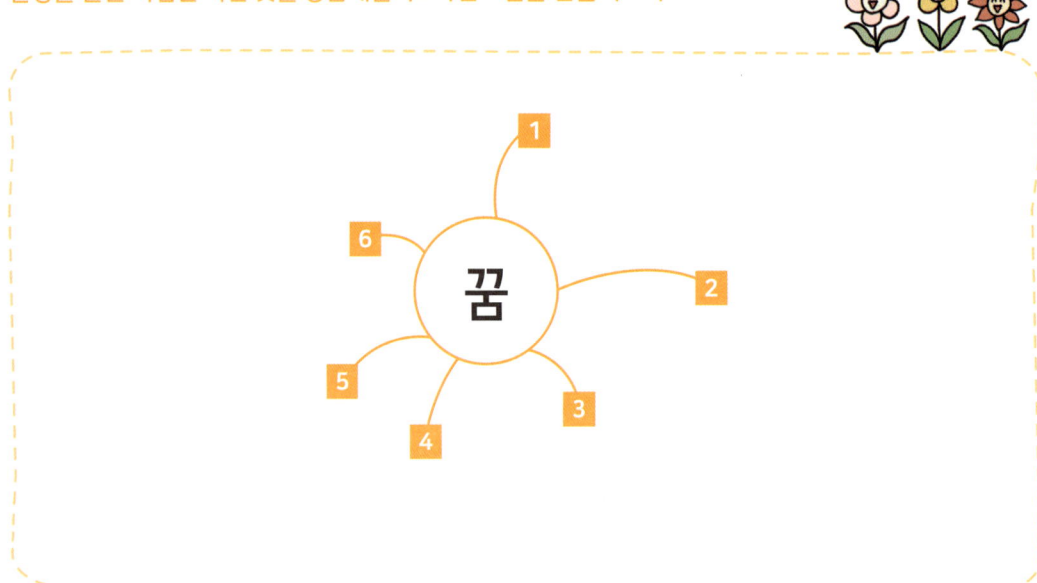

3 위에 적은 내용에 대한 답을 써보자!

1

2

3

4

5

6

❹ 정리한 내용을 바탕으로 설명문을 써보자!

이해하기 쉬운 말로 적어야 읽는 사람이 잘 이해 할 수 있겠지?

제목

머리말 (읽는 이의 흥미 끌기)

본문 (대상에 대한 설명)

맺음 (내용 요약)

출처

설명문 쓰기

주제: 내가 좋아하는 음식

❶ 누구에게 설명해 줄까?

> 설명문을 읽을 대상에게 어떤 것이 궁금한지 물어보고 적어도 괜찮아!

_____

❷ 설명을 듣는 사람은 어떤 것을 궁금해할까? 마인드맵을 만들어보자!

❸ 위에 적은 내용에 대한 답을 써보자!

1. _____
2. _____
3. _____
4. _____
5. _____
6. _____

> 감정적이고 주관적인 설명은 적으면 안 돼!!

4. 정리한 내용을 바탕으로 설명문을 써보자!

제목

머리말 (읽는 이의 흥미 끌기)

본문 (대상에 대한 설명)

맺음 (내용 요약)

출처

주제: 공룡

쓰기 어려운 질문들이 있다면 인터넷이나 백과사전 등을 이용해 자료조사를 해서 써봐! 대신 출처를 꼭 적어줘!

❶ 이 주제의 정의를 써보자!

❷ 이 주제의 생김새에 대해 여덟 고개를 해볼까?

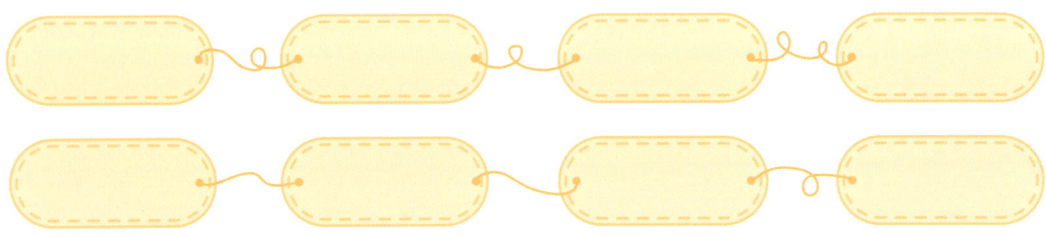

❸ 이것의 종류에 대해 적어보자!

❹ 더 설명하고 싶은 것에 대해 조사해서 정리하고 출처를 적어보자!

자료조사를 할 때는 신뢰할 수 있는 기관의 자료를 참고해야 해!

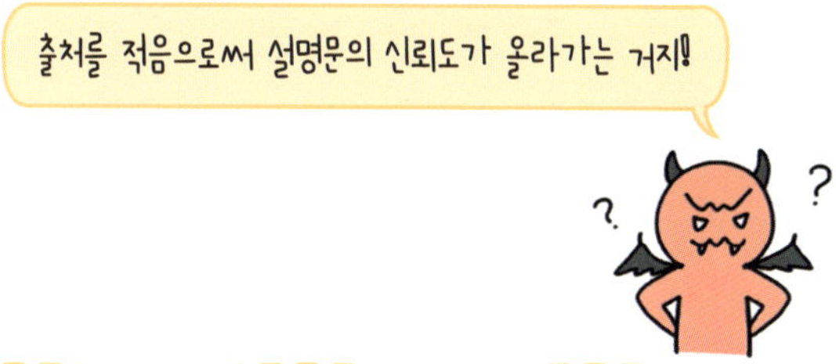

출처를 적음으로써 설명문의 신뢰도가 올라가는 거지!

5 정리한 내용을 바탕으로 설명문을 써보자!

제목

머리말

본문

맺음

출처

설명문 쓰기

주제: 강아지

내가 설명하는 것을 아예 모르는 사람에게 알려준다고 생각하고 글을 써봐!

❶ 이 주제의 정의를 써보자!

❷ 이 주제의 생김새에 대해 여덟 고개를 해볼까?

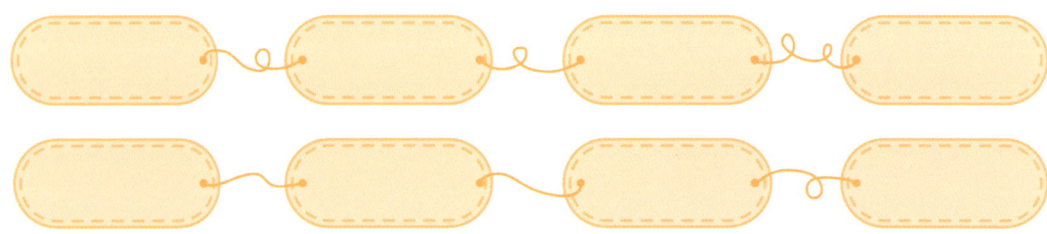

❸ 이것의 종류에 대해 적어보자!

❹ 더 설명하고 싶은 것에 대해 조사해서 정리하고 출처를 적어보자!

옆집 아저씨의 말, 소문 등은 올바른 자료가 아니야!

큰 부분에서 작은 부분의 순서로 글을 적으면 설명하기 쉬워질 거야!

설명문에서 강조하고 싶은 부분은 맺음 부분에 한 번 더 이야기해주면 좋아!

 정리한 내용을 바탕으로 설명문을 써보자!

제목

머리말

본문

맺음

출처

육하원칙 찾아 쓰기

❶ 아래의 기사를 읽고 육하원칙에 따라 정리해보자!

도심 한복판에 나타난 외계인... 목격자는 이렇게 말했다.

4월 15일 제9호

어제 낮 ○○ 마을에 나타난 외계인과 대화한 목격자가 등장했다.

바로 같은 마을에 사는 최○○ 씨.

그의 주장에 따르면 UFO가 갑자기 자신의 집 위에 나타나더니 외계인이 내려왔다고 한다.

최 씨는 당황했지만, 스케치북을 통해 외계인과 짧은 대화를 나눌 수 있었다고 한다.

외계인은 어째서인지 인간들이 신은 신발에 관심을 보였다고 전해졌다.

마을 주민들의 목격담에 따르면 이날 나타난 UFO는 10분 정도 하늘에 떠 있었다.

순식간에 사라져버렸는데, UFO는 접시 모양이었고 초등학교 교실만 한 크기를 가지고 있었다.

이처럼 커다란 비행 물체가 하늘에 가만히 떠 있는 것은

거의 불가능하다고 전문가들은 말한다.

구기자 기자

누가

언제

어디서

무엇을

어떻게

왜

2 아래의 기사를 읽고 육하원칙에 따라 정리해보자!

학교 벽에 그려진 알 수 없는 그림... 범인의 충격 실체!

4월 15일 제10호

일주일 전 천재 학교 벽에 알 수 없는 낙서를 한 범인을 어제 찾았다. 그 주인공은 바로 천재 학교의 교감 김OO 씨였다. 그의 주장에 따르면 시험 기간에 지친 학교 학생들에게 이벤트를 해주고 싶어 벽에 꽃 그림을 그린 것이라고 했다. 천재 미술관 그림 전문가는 매우 당황하며 이것을 꽃 그림이라고 하기에는 그 모양과 색감이 흉측하다고 평가했다. 학교 미술 선생님도 같은 의견이었다. 범인을 찾기 전 교장 선생님은 범인을 엄중히 처벌하기로 학생들에게 약속하였으나, 범인이 밝혀진 지금은 처벌에 대해 고민하고 있다고 이야기했다. 이 이야기를 들은 학생들은 그림은 흉측하지만, 교감 선생님의 따뜻한 마음에 감동하여 그림을 지우지 말고 선생님을 용서해 주자는 의견을 내고 있다고 한다.

구기자 기자

누가

언제

어디서

무엇을

어떻게

왜

❶ 어떤 사건에 대해 쓸까?

국어 선생님과 과학 선생님의 열애 사실

❷ 사건을 육하원칙에 따라 써보고 중요한 순서도 써보자!

기사문도 설명문의 한 종류라고!

누가 [2]
과학 선생님과 국어 선생님이

언제 [1]
엊그제 방과 후 시간에

어디서 [5]
학교 주차장에서

무엇을 [3]
손을 잡고 퇴근하시는 모습이 목격됨

어떻게 [6]
축구 연습이 끝나고 집에 가던 남학생이 발견함

왜 [4]
사귀고 있는 두 분이 학교에 아무도 안 남아있으리라 생각해서 손을 잡았기 때문

3 정리한 내용을 참고하여 중요한 순서대로 기사문을 써보고 어울리는 그림도 그려보자!

제목 미남과 미녀의 만남....최강 교내 커플 탄생!

엊그제 방과 후, 한 남학생이 교내 커플을 발견했다. 바로 과학 선생님과 국어 선생님이다. 남학생은 두 분이 손을 잡고 함께 퇴근하시는 모습을 발견했다고 한다. 남학생은 곧장 선생님들을 찾아가 손을 잡고 가는 이유에 대해 물었고, 당황하신 선생님들은 두 분의 연애 사실과 결혼 예정 소식을 알리셨다. 손을 잡은 이유에 대해서는 학교에 아무도 남아 있지 않으리라 생각하여 편하게 잡은 것이라고 하셨다. 남학생은 학교 주차장에서 이런 일을 목격할 줄은 상상도 못 했다고 말했다.

남학생에게 이야기를 전해 들은 국어 선생님과 과학 선생님의 반에도 소동이 일어났다. 학생들은 서로 결혼식 축가를 부르겠다고 나섰고, 돌아오는 월요일 피구 대결을 통해 축가를 부를 반을 정하겠다고 말했다. 이 사건으로 인해 교장 선생님의 축의금 액수가 화두로 떠올랐으며, 선생님들의 결혼을 축하하는 의미로 학생들은 수업에 열심히 참여할 것을 약속했다고 한다.

기사문 쓰기

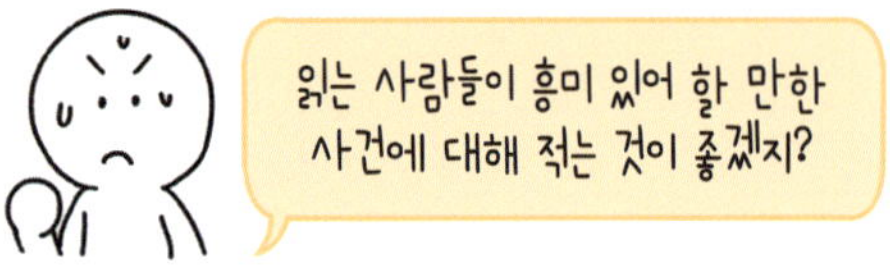

읽는 사람들이 흥미 있어 할 만한 사건에 대해 적는 것이 좋겠지?

1 어떤 사건에 대해 쓸까?

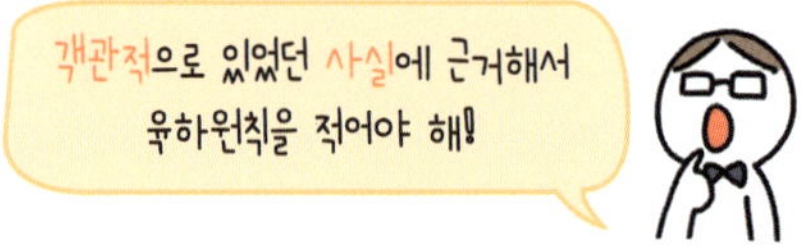

2 사건을 육하원칙에 따라 써보고 중요한 순서도 써보자!

객관적으로 있었던 사실에 근거해서 육하원칙을 적어야 해!!

누가	언제

어디서	무엇을

어떻게	왜

기사문은 사건을 신속하고 정확하게 전달하기 위해 쓰는 글이야! 그래서 사건의 핵심을 잘 파악하고 적어야 해.

❸ 정리한 내용을 참고하여 중요한 순서대로 기사문을 써보고 어울리는 그림도 그려보자!

제목

❶ 어떤 사건에 대해 쓸까?

❷ 사건을 육하원칙에 따라 써보고 중요한 순서도 써보자!

누가	언제

어디서	무엇을

어떻게	왜

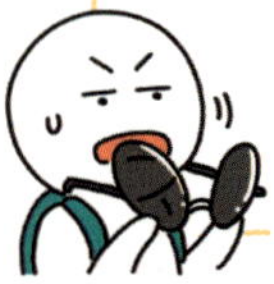

육하원칙을 객관적 사실을 바탕으로 적어야 올바른 기사문이 완성될 거야!!

기사문은 간결하고 명확한 문장으로 적어야 해!

❸ 정리한 내용을 참고하여 중요한 순서대로 기사문을 써보고 어울리는 그림도 그려보자!

제목

"마음을 사로잡는 광고문 쓰기

광고문 쓰기

과장해서 광고를 써도 되나요?

쓰기 마술사
광고는 사실을 전달해야 합니다!
허위, 과장된 광고는 좋은 광고가 아닙니다!

광고하고 싶은 내용이 많으면 어떻게 하죠?

쓰기 마술사
가장 핵심적인 광고 내용을 뽑아 강한 인상을 줄 수 있도록 짧고 명확하게 써야 합니다!

광고문과 논설문은 뭐가 다른 거죠?

쓰기 마술사
둘 다 남을 설득하는 점은 같지만, 광고문은 짧은 글로 짧은 시간에 남을 설득시켜야 합니다!

좋은 것만 광고해야 하나요?

쓰기 마술사
좋지 않은 상황을 이야기하며 변화를 요구하는 광고도 있습니다!

광고는 핵심을 전달하는 것이 포인트군요!

캐치프레이즈 쓰기

1 각 광고의 특징에 대해 알아보자!

뱀파이어의 장수 비결, 꿀꺽 토마토주스!

토마토주스처럼 잘 알려진 제품은 좋은 이미지를 전달하는 것이 제일 중요해!

너는 문자해? 나는 까톡해!

까톡처럼 나왔을 당시 사람들에게 생소한 제품은 비슷한 쓰임새를 가지고 있는 제품을 비교, 언급하는 게 좋아!

플라스틱을 먹기 싫다면 버리지 마세요.

공익광고는 사람들에게 변화를 요구하기 때문에 올바른 행동을 권장하고 설득하는 자세가 중요해!

❷ 광고의 특징을 파악하고 캐치프레이즈를 적어보자!

상업적 광고문

광고 대상: 내가 쓰는 핸드폰

❶ 친구나 가족과 함께 세 방향으로 브레인스토밍을 해봅시다!

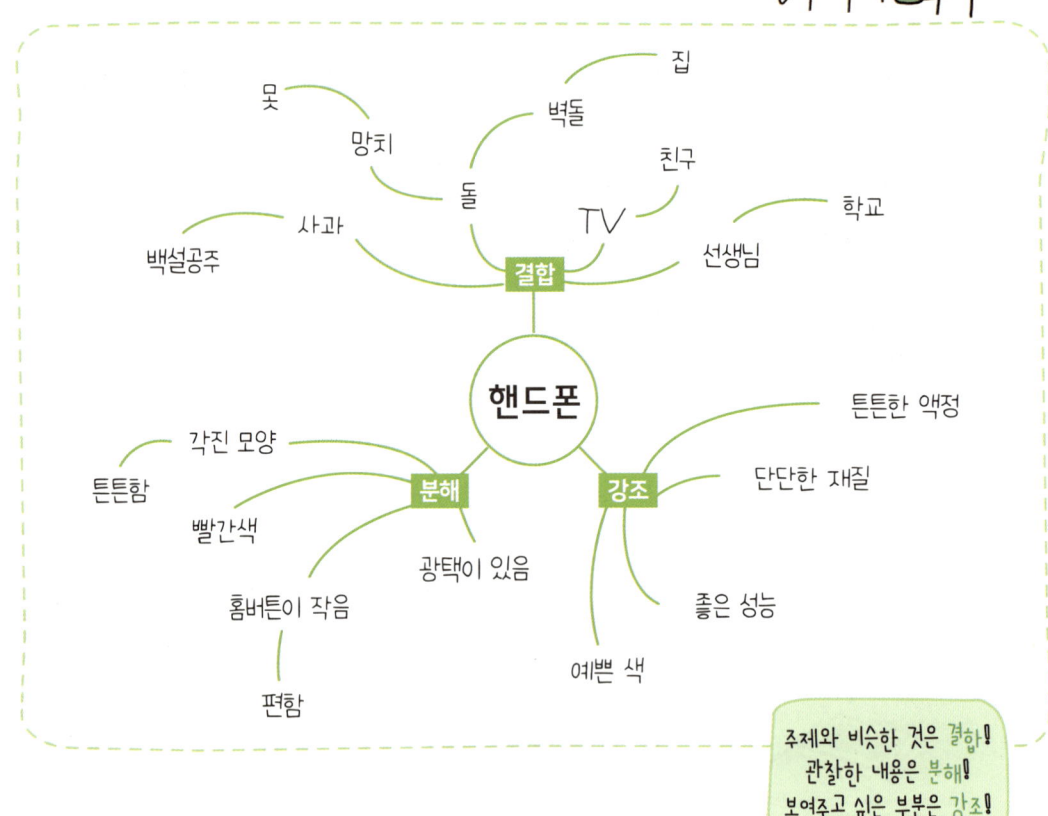

주제와 비슷한 것은 결합!
관찰한 내용은 분해!
보여주고 싶은 부분은 강조!

❷ 브레인스토밍을 정리해보자!

결합   색을 보고 사과를 떠올렸고, 돌·벽돌·망치는 단단함, TV와 선생님은

나를 재밌게 해주고 여러 지식을 알려주는 기능에서 떠올린 것이다.

강조   자주 떨어뜨려도 깨지지 않는 단단함과 튼튼한 액정을, 버벅대지 않는 좋은 성능,

다른 사람들의 핸드폰보다 튀는 빨간색을 강조하고 싶었다.

분해   핸드폰이 튼튼해서 외형을 주로 관찰했다.

비교를 통해서 내가 광고할 대상의 장점을 알 수 있지!

❸ 다른 사람 핸드폰과 비교해보자!

다른 사람	나
나처럼 핸드폰을 잘 떨어뜨리는 친구는 액정이 깨져 있고, 흠집이 많다.	나는 지금까지 액정이 한 번도 깨진 적이 없다. 흠집도 없다.

❹ 정리한 내용을 바탕으로 광고문을 써보고 어울리는 그림을 그려보자!

캐치프레이즈   벽돌이야? 아니, 휴대폰이야!

빨간 벽돌이냐고요? 아니요! 이건 벽돌같이 단단한 휴대폰입니다!

무려 100번을 떨어뜨려도 새것같이!

튼튼한 메탈 재질과 사과같이 빛나는 붉은 색!

여러분도 가질 수 있습니다. 지금 당장 구매하세요!

상업적 광고문

광고 대상: 내가 가는 놀이터

1 친구나 가족과 함께 세 방향으로 브레인스토밍을 해봅시다!

브레인스토밍할 때에는 비논리적이고 엉뚱한 아이디어를 적어도 괜찮아!

주제와 비슷한 것은 결합!
관찰한 내용은 분해!
보여주고 싶은 부분은 강조!

2 브레인스토밍을 정리해보자!

결합

강조

분해

❸ 다른 학교와 비교해보자!

> 비교할 때 다른 대상을 비하해서는 안 돼!

다른 놀이터

내가 가는 놀이터

❹ 정리한 내용을 바탕으로 광고문을 써보고 어울리는 그림을 그려보자!

캐치프레이즈

광고 대상: 내가 좋아하는 책

❶ 친구나 가족과 함께 세 방향으로 브레인스토밍을 해봅시다!

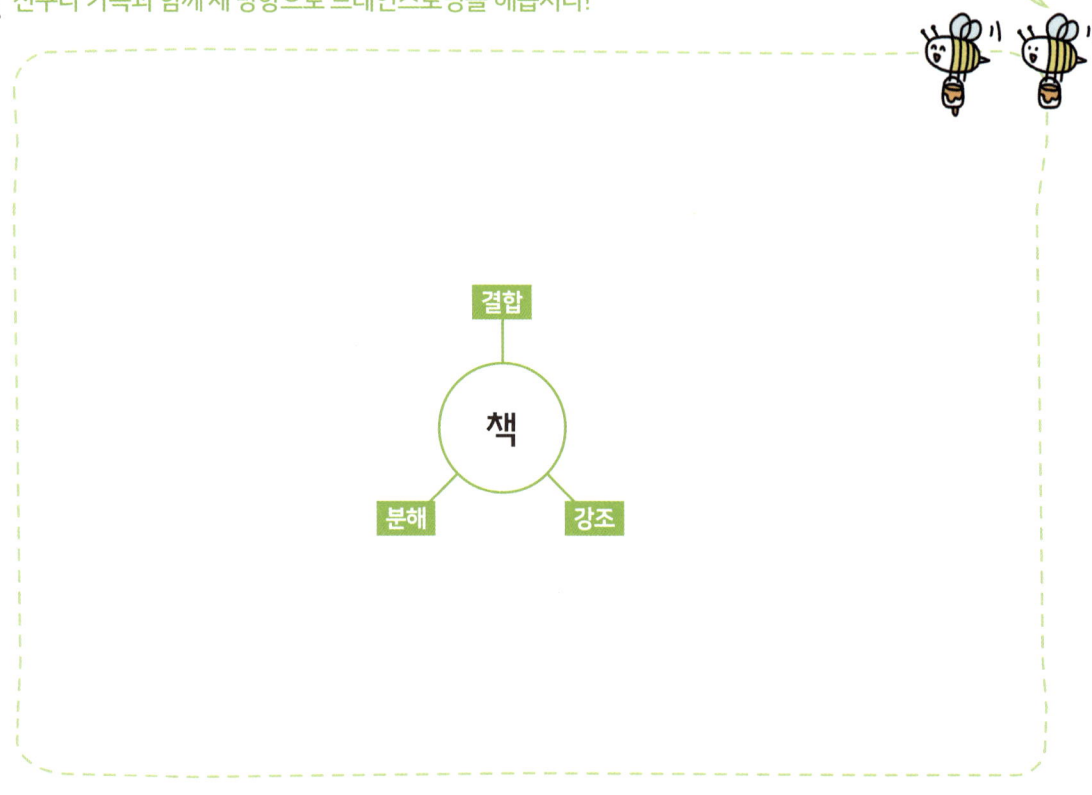

❷ 브레인스토밍을 정리해보자!

결합
....

강조
....

분해
....

❸ 다른 책과 비교해보자!

> 이 책을 좋아하는 이유, 얻은 교훈 등을 광고에 사용하면 좋겠지?

다른 책	내가 좋아하는 책

❹ 정리한 내용을 바탕으로 광고문을 써보고 어울리는 그림을 그려보자!

캐치프레이즈

모두가 심각하다고 생각하는 환경 오염 문제를 적는 것이 좋아!

주제: 환경오염

❶ 가장 심각하다고 생각하는 환경오염 문제를 써보자!

❷ 문제를 해결하는 방법은 뭐야?

일상생활의 실천으로 문제를 해결할 수 있는 방법을 적는 것이 좋겠지?

방법1 방법2 방법3

❸ 이 문제를 해결하면 어떤 점이 좋을까?

❹ 가장 전달하고 싶은 메시지는?

> 그림을 보고 공익 광고의 주제를 한눈에 알 수 있도록 해야 해!

5 정리한 내용을 바탕으로 광고문을 써보고 어울리는 그림을 그려보자!

캐치프레이즈

 공익 광고문

주제: 성 불평등

 주제가 어렵다면 자료를 조사해볼까?

❶ 가장 심각하다고 생각하는 성 불평등 문제를 써보자!

❷ 문제를 해결하는 방법은 뭐야?

 해결 방법은 추상적이지 않고 명확한 것이 좋아!

방법1

방법2

방법3

❸ 이 문제를 해결하면 어떤 점이 좋을까?

❹ 가장 전달하고 싶은 메시지는?

5 정리한 내용을 바탕으로 광고문을 써보고 어울리는 그림을 그려보자!

캐치프레이즈

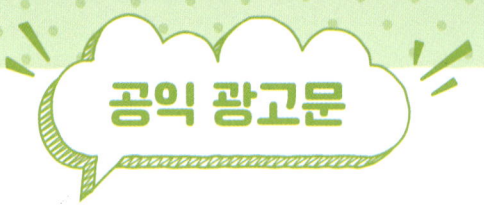 공익 광고문

주제: 동물 학대

공익 광고처럼 진지한 내용의 광고문은 존댓말을 써주는 것이 좋아!

1 가장 심각하다고 생각하는 동물 학대 문제를 써보자!

2 문제를 해결하는 방법은 뭐야?

| 방법1 | 방법2 | 방법3 |

3 이 문제를 해결하면 어떤 점이 좋을까?

4 가장 전달하고 싶은 메시지는?

캐치프레이즈를 적기 어렵다면 가장 전달하고 싶은 메시지를 참고하자!

5 정리한 내용을 바탕으로 광고문을 써보고 어울리는 그림을 그려보자!

캐치프레이즈

글쓰기 천재가 되다! practice

1판 1쇄 2021년 7월 10일

저　　자 Mr. Sun 어학연구소
펴 낸 곳 OLD STAIRS
출판 등록 2008년 1월 10일 제313-2010-284호
이 메 일 oldstairs@daum.net

가격은 뒷면 표지 참조
ISBN 979-11-91156-21-8
ISBN 978-89-97221-87-5 (set)

이 책의 전부 또는 일부를 재사용하려면 반드시 OLD STAIRS의 동의를 받아야 합니다.
잘못 만들어진 책은 구매하신 서점에서 교환하여 드립니다.

공통안전기준 표시사항

- **품명** : 도서
- **재질** : 지류
- **제조자명** : Oldstairs
- **제조국명** : 대한민국
- **제조연월** : 2021년 7월
- **주소** : 서울 마포구 양화로12길 24 선진빌딩
- **KC인증유형** : 공급자적합성확인

KC마크는 이 제품이 공통안전기준에 적합하였음을 의미합니다.
책 모서리에 찍히거나 책장에 베이지 않게 조심하세요.